EVLENECEKLERE
VE
EVLİLERE

EVLİLİK REHBERİ

Yayın Yönetmeni
Ercan ÖZYEL

Hazırlayan
Ahmet Yusuf ÖZEL

Kapak ve İç Tasarım
Kenan BIYIKLI

Baskı
Ocak 2010

Emanet Yayınları
Necip Fazıl Kısakürek Cad. No:12
Yenibosna / İSTANBUL
0212-653 93 81

www.emanetyayinları.com

www.enucuzkitap.com

Baskı-Cilt
Nesil Matbaacılık
0212-876 38 68

EVLENECEKLERE
VE
EVLİLERE

EVLİLİK REHBERİ

ÖN SÖZ

Değerli şeylerin, kolayca elde edilmediğini hepimiz biliyoruz ama bazen sadece değerli nesneleri değerli olarak görebiliyoruz ve bunlar için çalışıyoruz. Örneğin şık bir takı, güzel bir ev, araba ve saire; oysa bunlar dışında bunlardan daha değerli sahip olduğumuz veya sahip olabileceğimiz o kadar güzel ve değerli şeyler var ki. Çocuğunuzun yüzüne kondurduğunuz bir öpücük, onun küçücük yüreğine sığdırdığınız dünya kadar bir sevgi, yüzünde gördüğünüz bir gülücük; hayatınızın aşkıyla aynı çatı altında olabilmek ve mutluluklar dolusu bir hayat yaşamak, zorlukları paylaşmak ve mutluluklarda göz göze bakıp birleşmek, gözlerinin içine bakıp da içindeki sıcaklığı hissetmek, bunların hepsi, sahip olduğunuz veya olabileceğiniz paha biçilmez değerli varlıklarınızdır

Doğru konuşmak gerekirse, aslında bütün insanlar, mutlu bir hayatı hep arzu ederler ve her zaman bunu hayallerinde canlandırırlar, bu hayata sahip olanların birçoğu dâhil, herkes mutlu bir hayatı arzu eder ama insanların birçoğu bu konuda yeterli bilgiye sahip değildir ve mutluluğu sadece istediğinde görüyor. Gerçek şu ki birçoğumuz hayatın gerçekleriyle yüzleşerek mutlu olmayı öğrenmeden yaşlanıyoruz ve hayat limitimiz sona eriyor.

Mutlu bir hayat, herkesin hakkıdır, hiç kimse mutsuz

olmak için yaratılmamıştır. Mutlu bir hayat, mağazalarda değerli saydığımız kâğıt parçaları karşılığında satılmayan en değerli varlıklardan birisidir. Bu yüzden de onu elde etmek için büyük bir karşılık ödememiz gerekebilir; bazen kendi isteklerimizden vazgeçip eşimizin isteklerini güler yüzle yerine getirmemiz gerekebilir, bazen rahatımızı bozup eşimize yardım etmemiz gerekebilir, bazen geceleri uyanık kalıp hasta bakıcılığı yapabiliriz, bazen soğukta bazen de sıcakta kalabiliriz, ama asla yalnız kalmayız. Bu zorluklara ve daha fazlasına katlanırken, mutlu bir yuvaya sahip olduğumuz duygusu, bir hayat boyunca bize eşlik eden bir hayat arkadaşımızın olmasını hatırlamak, bizi düşünen, önemseyen hatta kendisinden bile öne geçiren fedakâr bir eşimizin yanımızda olması hep içimizi ısıtacak ve bu zorlukların acısını vee yorgunluğunu üstümüzden atacaktır.

    Sözün kısası, mutlu bir aile istiyorsak, önce bu konudaki bilincinizi geliştirmeli ve daha sonra da bu bildiklerimizi uygulamalıyız; aile mutluluğunu zedeleyen yaygın hataların altında yatan sebepleri öğrenip bu hataları kendi hayatımızdan silmeliyiz.

    Bu kitap evlilik öncesi ve sonrasında eşlere düşen görevleri uzmanların görüşleri doğrultusundan izah etmektedir.

    Faydalı olması dileğiyle ......

EVLİLİK ÖNCESİ

Her genç düş görür evlenmeden önce... Pembe bulutlar üzerinde uçar, mutluluk ülkesine kanat çırpar, bir "evet"le huzur limanına demir atar. "Bizim evliliğimiz başka olacak", "bizim sevdamız bitmeyecek" sözlerini terennüm eder.

İlk günler, devam da eder bu sevda... Ama yavaş yavaş bal (ayının) tadı kaçmaya başlar Gözlerdeki sevda sisleri çözülmeye, hayal ülkesinin renkleri değişmeye yüz tutar.

"Bizim evliliğimiz, sevdamız farklı olacak" diyenlerin çoğunun aralarında deli poyrazlar eser. Tepelerinde kara bulutlar dolaşır. Peşinden hafif şimşekler ve derken gök gürültüleri. Nedendir bilinmez o sevdalar nereye gider? O anlayışlı insan nasıl da dünyanın en anlayışsız insanı olur?

Kulaklar sağır, diller lâl, vicdanlar sızlamaz! Kimse kimseyi görmez. Duymaz, anlamaz.

Çoğu kez kusur ve hatalar karşılıklı sayılıp dökülür Kimse kendine toz kondurmaz; "Bu sonuçta benim payım nedir?" demez. Karşısındaki insanı anlamaya çalışmaz.

Sadece birbirimizi severek evlendik ama "ANLAŞAMADIK!.." denir.

Peki anlaşmaya çalışmak, daha doğrusu birbirini anlamak. Acaba hiç denendi mi?

Yoksa sadece "sen beni anlamıyorsun, anlamak istemiyorsun, anlayışsız birisin" vb. sözcüklerle karşılıklı tartışmalar mı yapıldı?

Halbuki "sevmek, anlamakla başlar." İlk defa önünüze getirilen mükemmel yemeği sevmeniz için önce kaşığın ucuyla tadını anlamaya çalışırsınız.Anladığınız anda da seversiniz değil mi? Ama anlamamakta inat ederseniz yemek ne kadar güzel olsa da tadını anlamadığınız için yemeği sevemezsiniz. Evlilik hayatı da böyle! Şayet eşler birbirlerini anlamaya çalışırlarsa aralarındaki sevgi azalacağı yerde pekişir

Evinizdeki basit bir musluğu bile tamir etmek için musluk tamirinden anlamalısınız.Anlamıyorsanız hiçbir zaman için o musluğu tamir edemezsiniz. Dersi anlamayan çocuğun dersten nefret etmesi gibi..

Eşinizin saçma sapan fikirleri olabilir. Size ters gelen yönleri de... Sizin sevdiğiniz şeyden o, onun sevdiği şeyden siz nefret edebilirsiniz. Bu durumda eşler, birbirine anlayışlı davranırlarsa problemler hâllolur. Gülay Atasoy

EVLİLİK ÖNCESİ EVRELER NİŞANLILIK

Nişanlılık nedir?

Nişan, evlilik öncesi evliliğe hazırlık döneminin adıdır Nişanlılık dönemi, evlenecek kişilerin ve ailelerin birbirlerini tanımalarını sağlar Nişanlanma, memleketimizde yaygın bir âdet olduğu gibi, dinimizde de yeri olan bir hususturr. Nitekim Peygamberimiz, Hz. Âişe ile üç sene kadar nişanlı kaldıktan sonra evlenmişlerdir. Böylece, nişan aynı zamanda bir sünnet sayılmaktadır (Müslim, Nikâh, 69) Dinimizde evleneceklerin nikâhtan önce birbirlerini görmesi ve tanıması için nişanlılık devresi caiz görülmüştür. Çünkü iki insanın bir araya gelip mutlu bir evlilik hayatı kurabilmeleri için birbirlerini iyi tanımaları şarttır Bunun için önce sağlıklı bir nişanlılık dönemi yaşanması uygun görülmüştür.

Nişanlılık, evlilik midir?

Nişan, bir evlilik olmayıp evlilik vaadinden ibarettir. Nişanlılık, taraflara evliliğin verdiği yakınlığı, birlikte yaşama hakkını ve yetkisini vermez. Yani mahremiyet bakımından nişanlılar, birbirlerine iki yabancı durumundadır Bu durum, daima göz önünde tutulmalıdır Nitekim nişanı, bir evlilikmiş gibi telâkki ederek nişanlılar arasındaki mahremiyet sınırına dikkat edilmemesi neticesinde, toplumumuzda pek çok üzücü ve aileleri sıkıntıya sokacak durumlar görülmekte ve duyulmaktadır. Bu hususta titizlik gösterilmemesi sonunda tarafları pişmanlığa düşüren bazı hataların çıkma ihtimali göz ardı edilmemelidir. Resmî nikâh yapılıncaya kadar her iki taraf da meşruiyet sınırını aşmamaya itina etmelidir

Nişandan dönmek caiz mi?

Beraberliklerini sürdüremeyeceklerini anlayan nişanlılar her zaman için nişanı bozma hak ve yetkisine sahiptirler. Nişanlıların mesut bir yuva kuramayacakları hususunda ciddi belirtiler çıkarsa, nişan sözleşmesine nihayet verilebilir. Böyle bir durumda alınmış olan hediyeler karşılıklı olarak geri verilir; taraflar helalleşmeyi de sağlamaya çalışırlar. Nişan atma her ne kadar bir haksa da bu hakkı, kimseyi incitmeden, maddî ve manevî zarara uğratmadan kullanmak en doğrusu ve en hoş olanıdır.

Nişandan dönen biriyle evlenilmez mi?

Nişandan dönen bir kız veya erkekle elbette evlenilebilinir Çünkü artık o kimseyi bağlayıcı bir durum ortadan kalkmıştır Ancak başkasının nişanlısı olan bir kadına evlenme teklif etmek caiz değildir.

Nişanlılık döneminde aldatıcı davranışlar, roller kişilik - leri maskeliyor mu?

Nişanlılık döneminde taraflar birbirlerinin kusurlu yanlarını gizlemeye çalışabilirler Gerçek yüzlerini ortaya koymayabilir, kendilerini olduklarından başka türlü göstermeye çalışabilirler. Ancak bu tarz aldatıcı tavır ve söylemler ilişkinin daha başlangıçta yanlış temellendirilmesi demektir. Uzun vadede her iki taraf da bundan zararlı çıkarlar O yüzden nişanlılık döneminde taraflar, kendilerini oldukları gibi göstermeliler, aldatıcı tavırlardan uzak durmalılar

Gençler ailelerinden habersiz nişanlanabilir mi?

Maalesef son zamanlarda gençlerin ailelerinden habersiz nişanlanmaları moda oldu. Özellikle üniversiteye gelen ve yalnızlık hisseden gençler bu duygudan kurtulmak için nişanlanıyor. Sonunda ise genç kızın mağdur olacağı çok acı tablolar ortaya çıkıyor. Böyle üzücü olayların yaşanmaması için gençler mutlaka ailelerinin görüşünü almalıdır. Çünkü 'gençlik damarı akıldan ziyade hissiyatı dinler His ve heves ise kördür' geleceği görmeyebilir.

Nişanlılıkta duygusal çatışmalar yaşıyor ve çiftler birbirine ısınamıyorsa ne yapmalı?

Bazen gençler, "nikâhta keramet var" sözüyle birbirine ısınamadıkları halde evlendiriliyor Halbuki nikâhtaki keramet birbirini sevmeyen iki insanın nikâhlandıktan sonra birbirlerini sevecekleri anlamına gelmiyor. Böyle gençler eğer bir türlü birbirine ısınamıyorsa ayrılmaları daha doğru olur Çünkü evlilikte sevgi çok önemli, hatta arabayı yürüten benzin hükmündedir. Benzinsiz araba yürümediği gibi, sevgisiz evlilik de yürümez.

Bakış açısı farklılıkları ortaya çıkıyorsa buna nasıl yaklaşmalı?

Mutsuzluğa ve büyük çatışmalara sebep olan bakış ayrılıkları olan gençlerin ilk başta nişanlanmamaları gerekir

Mesela delikanlı eşinin örtünmesini ister, genç kız da 'asla' derse bu, evlilikte büyük çatışmalara ve hatta ayrılmaya bile sebep olabilir. Şayet bu farklılıklar ufak tefek şeylerse karşılıklı konuşarak anlayışla aşılabilir.

Nişanlı çiftler eşya krizini nasıl aşmalı?

Birbirini seven ve mutlu olacaklarına inanan iki gencin basit şeylere takılmaması gerekir. Hz. Fatıma validemiz evlendiğinde tüm eşyası ne kadardı? Ezvac-ı tahiratın evlilikleri yine hâkeza... Dünyanın faniliği düşünülür ve sünnete uyulursa bu problemler kendiliğinden ortadan kalkar. Bilmem hangi otellerde ve eşyalarla yapılan düğünlerin birkaç gün sürdüğüne şahit oluyoruz.

Birbirinizin aileleri hakkında söylenen laflara inanmalı mı?

Bazen de aileler hakkındaki sözler abartılı olabiliyor Veya çevredeki kötü niyetli insanlar, arada söz taşıyarak ailelerin ve nişanlı çiftlerin arasını açabiliyor Bu sözlerin doğruluk payını iyi araştırmak, konuyu tahkik etmeden hükme varmamak gerekir.

Nişanlılık dönemi aldatıcı olabilir mi? Bu aldatıcılığı öğrenme yolları nelerdir?

Nişanlılık dönemi, evlenecek kişilerin birbirine ister istemez "şirin" görünmeye çalıştığı dönemdir. Bu dönemde taraflar birbirine gerçek yüzlerini göstermezler. Bu süreçte nişanlılar yapmacık davranışlar içine girip gerçek yüzünü sezdirmeyebilir. Aşkın insanın gözünü kör ettiği gerçeğini göz önüne aldığımızda bu aldatıcı davranışları "nişanlı"ların fark etmesi zor olur. Bu durumda yakın çevresindekilerin yardımını almalı, onların görüşlerine önem vermelidir. Bir kişinin gerçek yüzünü, iyi ve kötü yönlerini bütünüyle o kişiyle uzun süre birlikte olan kişiler bilebilir. Bu da o kişinin aile, komşu, iş ve arkadaş çevresindeki kişilerdir. Bu kişilerden "nişanlı" ile ilgili sağlıklı bilgi alınabilir Bunun yolu da bu çevredeki kişiler arasında bir araştırma yapmaktır. Bunu nişanlı kişi değil de bir yakını yapmalıdır

Nişanda ailelerin kültür çatışmaları nasıl önlenebilir?

Nişanda ailelerin kültür çatışmalarını mutlak manada önlemek mümkün değildir. Tek çözüm karşılıklı olarak bazı gerçekleri kabul ve saygıdır Kültürün çok uzun bir geçmişi olduğu için değiştirilmesi ve yıkılması zordur Ama dinî hükümlermiş gibi sarılıp mutlaka yapılması gerekir denilip insanlara zor durumlar yaşatılması kesinlikle doğru değildir.

Nişanlılıkta aileler de nişanlanır mı?

Ailelerin en aktif olduğu dönem nişanlılık dönemidir. Evlilik sadece iki kişi arasında görünse de bir akrabalık müessesesi kurulacağı için aileler de nişanlanmış demektir. Ama ailelerin değişik yanlış anlamalarından dolayı hayırlı bir işin ortada kalması ise uygun değildir. Ailelerin birbirlerini tanımaları ileride çiftler arasında muhtemel bir sıkıntının daha iyi çözülmesine sebep olacaktır.

Nişanlınızı nasıl tanıyabilirsiniz? Tanımanın ölçüleri nedir?

Nişan döneminde eş adayını genel çerçevesiyle tanımak mümkün olsa da ayrıntılarıyla tanımak mümkün değildir. Nişan dönemi genellikle insanların hep iyi yönünü gösterdiği bir dönemdir. Bu da çok normal bir durumdur. Problem ve sıkıntı anında insanların tepkisi, yaklaşımı ve anlayışını doğal bir ortamın dışında anlamak çok zordur. Zor anlarda ve mutlu anlarında insanların tepkileri kişinin yapısıyla ilgili ipucu verir.

Nişanlılık evlilik için bir kriter midir, evliliğin iyi ya da kötü olacağını gösterir mi?

Evet, kriterdir. Nişanlılık dönemi için 6 aylık bir zaman dilimini tavsiye ediyoruz. Bu dönemde beraber ağlayıp beraber gülebiliyorsanız çoğu meseleyi çözmüş ve sizin için uygun eşi bulmuşsunuz demektir.

Nişanın amacı evlenecek çiftlerin birbirini tanıması mıdır?

Evet, nişanın amacı bir ömür boyu beraber yaşamayı düşündüğünüz insanı tanıma sürecidir. Olabileceğine veya olamayacağına karar verme dönemidir.

Nişanlanan çiftler aynı evde ikamet edebilirler mi?

Haram ve helal dairesine dikkat ederek nişanlı çiftler umuma açık alanlarda baş başa görüşebilirler. Bundaki amaç ise sadece karşı tarafı tanıma olmalıdır. Aynı evde ikamet edemezler.

Törensel şeyler yapılmasa olur mu?

Her yörenin farklı âdet ve kültürü var. Nişanların nasıl yapılacağını, törenlerin sade olup olmayacağını kız ve erkek tarafının anlaşarak belirlemesi daha güzel olur.

Nişan olmadan nikâh yapılsa olur mu?

Nişan olmadan nikah yapılabilir. Bunda bir sakınca yoktur.

Nişan olmadan evlilik olmaz denilemez. Ama evlenecek çiftlerin birbirlerini daha iyi tanımaları için nişanlılık dönemi bir fırsattır. Evlilikten dönmek, nişandan dönmekten çok daha zordur.

Evlilik, ne zaman?

Evlilik kararı duygu mantık dengesi içinde düşünülerek karar verilmesi gereken bir konudur. Bu dönemleri evlilik düşüncesinin gelişimi açısından değerlendirelim:

13-20 yaş arası duygusal merkezli düşünce ağırlık bastığı için bu dönemde ciddi bir ilişki geliştirmek ve evlilik hayali kurmak hüsranla neticelenebilir. Çünkü kişi karşısındakini gerçekçi olarak algılayamaz. Başkalarının o kişi hakkında gördükleri olumsuzlukları o kişi göremez. Bu yaşlarda âşık olup hayatı ile ilgili önemli kararlar veren kişilerin çoğu sonradan mutsuz olabilir. Bundan dolayı bu yaşlarda belki dıştan masumca görünen kız erkek arkadaşlıkları gençler ve aileleri için sonu çok üzücü olaylara neden olabilir. Çünkü bu yaşta dünyayı yakıp yıkmak zihinde kolaydır. Neticesini düşünmeden birçok hata yapılabilir.

Eğer bu yaş dilimi içindeyseniz, en iyisi eğitiminizle ve kişisel gelişiminizle ilgilenin. Diğer işleri zamanı gelince düşünün.

21-32 yaş arası duygu ve mantık bir arada çalışmaya başlar. Birisini çok beğenirsiniz; ama onun yaşantı tarzıyla sizinkinin arasındaki farkı görüp yeri geldiğinde "Yaa galiba yanlış yapıyorum." diyebilirsiniz. Bu yüzden evlilik kararı vermek için en uygun yıllar özellikle bu dönemin ortası ve sonrası olan 24-29 yaşları arasıdır. Evlilik gibi önemli bir karar bu dönem içinde mantık ve duygu dengesi içinde verilmelidir.

33 yaş ve sonrası dönem halk arasında "Armudun sapı, üzümün çöpü" olarak bilinen dönemdir. Yani mantıksallığın yoğunlaştığı ve duygusallığın geri planda kalması nedeniyle kişinin karşısındakini fazlaca objektif algılama, bütün kusurlarını görebilme ve bu yüzden de duygusal olarak bağlanmada zorluklar yaşadığı dönemdir. Bu yaşa kadar evlenmediyseniz acele edin; her geçen gün duygusallığınızdan bir şeyler kaybedecek, çok mantıklı düşünen biri olacaksınız. Ama evlilik sadece mantıkla yapılacak bir iş değildir.

Duygu mu mantık mı?

İnsanlar hayatta duygu ve mantık arasında bir denge içinde yaşama eğilimi içindedirler. Belirtilen yaşlar kesin çizgiler olmamakla beraber hayat boyu insanların duygu mantık silsilesi genel olarak şöyle işler:

1-12 yaş arası: Yoğun duygusal dönem

13-20 yaş arası: Duygusal dönem

21-32 yaş arası: Duygu-mantık dengesinin oturduğu dönem

30-50 yaş arası: Mantıksal dönem

50 yaş ve sonrası: Mantıktan duygusallığa doğru geçişin olduğu dönem

İYİ BİR DÜĞÜN NASILOLMALI
EVLENECEKLERİN DİKATİNE

Her genç hayaller kurarak evlenir. Kimi "kalbine mukabil bir kalp" "bularak mutluluğu yakalar, kimi yakalayamaz. Hayat arkadaşına "İyi ki evlendim." diyenler olduğu gibi; "Ah! Keşke evlenmeseydim.." diye feryad ü figan edenler de vardır... Yeni evlenecek olan gençler sonradan "keşke" demek istemiyorlarsa şu noktalara dikkat etmelidirler:

1) KENDİNİZİ TANIYIN

Eşinizi tanımadan önce kendinizi tanıyın. Evlilikten ne bekliyorsunuz? Evlilik sizin için ne ifade ediyor? Neden evleniyorsunuz? Evlilik bir fantezi mi? Yoksa hayat arkadaşlığı mı?

2) RUHEN OLGUNLAŞIN

Belirli bir ruhî olgunluğa gelmeden evliliğe yanaşmayın. Çünkü evlilik, evcilik oyunu değil. "Biraz oynar usanırsam eşyalarımı alıp eve dönerim." diyemezsiniz. Evlenirken her zorluğa ve fedakârlığa katlanmayı göze alın.

3) EĞİTİMİNİZİ TAMAMLAYIN

Mesleki eğitiminizi ya da kariyerinizi tamamlamaya özen gösterin.

4) REALİST OLUN

Gözünüzdeki pembe gözlüğü bir kenara bırakıp, realist

olmaya çalışın. Çünkü hayal üzerine kurulan evlilik, ilk hayal kırıklığıyla yıkılabilir

5) 'DEĞİŞTİRİRİM'DİYE DÜŞÜNMEYİN

Bazı şeyleri içime katlarım, beğenmediğim huylarını değiştiririm diye düşünmeyin. O zaman evliliğiniz bir şeyleri değiştirme savaşına dönüşür. Sürekli "Neden öyle yaptın? Niye böyle yapmıyorsun? Ben şundan hoşlanmıyorum. Ama sen yapmaya devam ediyorsun. Şu huyundan vazgeç." demekle geçer.

6) İNANÇLARINIZA UYGUN OLANI SEÇİN

Kendi dini inançlarınıza uygun birisini tercih edin. Kadın namaz kılar kocası içki masası hazırlatırsa, ya da erkek namaz kılarken eşi tersini yaparsa mutluluk oranı o ölçüde azalır. Eşler sürekli "sen yanlış yapıyorsun, ben doğru yapıyorum" tartışması yapar.

7) HUY, AHLAK VE MİZACA DİKKAT!

Huy, ahlak, mizaç ve hatta zevklerde bile uyum içinde olan kişileri tercih etmek evlilikte mutluluğa bir adım atmış olmak demektir.

8) SEVGİ ÖNEMLİ

Aşık olmadan evlenmem demek ne kadar yanlışsa; sevginin sıfır olduğu bir evliliği de mantık evliliği yapıyorum diye yapmak yanlıştır. Sevmediğiniz, içinizin ısınmadığı komşunuzla bile yapamazken hayat arkadaşıyla hiç yapamazsınız.

9) AİLENİZİN GÖRÜŞÜNE ÖNEM VERİN

Sonradan "Ben nerede yanlış yaptım?" dememek için ilk anda yanlış yapmayın. Çünkü kimi gençler ailelerin denk görmediği eşlerle evleniyorlar. O an hisleri mantıklarını örtüp aileyi dinlemiyorlar.

Eş Seçiminde Anne-Babanın Rolü

Evlilik kararında anne babanın müdahelesi ne kadar olmalıdır, gençler anne babalarının sözlerini ne kadar dinlemelidirler? Sıkça vurguladığım gibi, evlilik kişinin hayatındaki en önemli kararlardan biridir.

Rastgele bir kişi ile rastgele şartlarda kurulabilecek bir müessese değildir. Sevdiği ile evlenmeyi düşünen genç konuyu anne babasına açar. Konuyu onlara nasıl aktardığı önemli olduğu kadar, anne babanin verdikleri tepkiler de cok önemlidir. Ne, her türlü kararı evladına bırakan sorumluluktan kaçan kayıtsız, ne de herşeyi sorun eden herşeye kulp takan anne-baba tavrı doğrudur.

Bilinen bir gerçektir ki, istisnaları olmakla birlikte- anne oğluna, baba da kızına düşkündür. Bazı kız babalarının evlilik fikrine karşı çıkmalarındaki asıl sebep, eş adayındaki kusurlardan ziyade kızının yuvadan uçacak olma korkusudur. Bu duygu ile hareket eden bir babadan sağlıklı kararlar vermesi elbette beklenemez. Aynı şey erkek annesi için de geçerlidir. Onun da yaşadığı benzer bir duygudur; evladını kaybetme korkusu.

Anne babaların çocuklarına yol göstermeleri, sorgulayıcı bir tavır takınmaları, olumsuzu düşünerek hareket etmeleri çok normaldir. Bu nihayetinde anne-babalık görevidir. Yaşanılması muhtemel sorunları, daha tecrübeli bireyler olarak ebeveynlerin çocuklarına aktarmaları bir zorunluluktur Ama gençlerin de ısrarcı bir tavır sergilememeleri gerekir. Çünkü hiçbir anne ve baba çocuğunun kötülüğünü istemez. Gençler anne babalarını iyi dinlemeli, onların fikirlerini dikkate almalıdırlar Eğer ailelerinin düşüncelerine katılmıyorlarsa onlarla bunu açık ve net bir biçimde konuşmalıdırlar. Anne -baba yoktan yere sorun mu çıkartıyor yoksa gencin göremediği noktaları görerek çocuğuna yol göstermeye mi çalışıyor, bu iyi tespit edilmelidir.

- Bir genç anne-babaya rağmen bir evliliğin eşiğindeyse artık anne-babanın cok daha hassas, sakin ve makul davranması gerekir. Çünkü aşırı baskıcı ve otoriter yaklaşırlarsa genç sadece sevdiğini savunma güdüsü ile hareket edecek ve onu sahiplendiği için olumsuz yanlarını görme fırsatını kaçıracaktır Daha kötüsü belki de anne babasına inat evlenecektir. Evladını muhatap kabul edip doğru iletişim kuran ebeveynler hiç şüphesiz daha doğru sonuçlar alacaklardır. Çünkü bu şekilde genç,kendi görüşlerine kıymet verildiğini hissedecek, belki onun da kafasını kurcalayan bazı meseleleri anne-babasına açacaktır. Anne babasının aşırı tepki vermediğini, makul ve mantıklı davrandığını gördüğünde ise sevdiğini savunmaktan vazgeçip, onun gerçek kişiliğini görmeye başlayacaktır.

Sevgili anne babalar, lütfen sırf çocuğunuz vazgeçsin diye yanlış şeyler söyleyip, olayları bilerek yanlış yorumlamayın. Çünkü çocuğunuz o kişi ile evlendiğinde bir ömür mutlu olamayacaktır.Hep sizin ona söylediginiz şeyler kafasını kurcalayacak, eşine tarafsız yaklaşamayacaktır. Belki de eşi ağzı ile kuş tutsa kızınıza/oğlunuza yaranamayacak, mutsuz evliler kervanına çocuğunuz da dahil olacaktır.Kendi ellerimizle ve söylediklerimizle daha kurulmadan çocuklarınızın yuvalarını yıkmayın. Ne biliyorsak, neyi önceden görebiliyorsak onu çocuklarınıza uygun bir dille, tepki oluşturmadan aktarın. Damat/gelin adayını neden beğenmediğinizi izah etmeden " ben tasvip etmiyorum ,istemiyorum" deyip kenara çekilmeyin. „Şu şu sebepten dolayı tasvip etmiyorum, şu konuda birbirinize uymadığınızı düşünüyorum" şeklinde açıklamalar da bulunun. Ama size rağmen evlenmekte direniyorlarsa son kararı onlara bırakın. Çocuğunuz belki çok mutlu olacak belki de seçiminin sonuçlarına katlanmak zorunda kalacak. Eğer izin vermezseniz, ya evlenmeyip mutluluğuna mani olduğunuzu düşünerek bir ömür sizi suçlayacak ya da muhatabını gözünde daha da büyüterek, yasaklanan şey daha tatlıdır misali size rağmen evlenecektir.İkisini de istemezsiniz sanırım.

Sevgili gençler, seven insanın bir an önce yuva kurma isteği normal olmakla beraber,acele edildiğinde sağlıksız sonuçlar doğurduğu da bir gerçektir. Şüpheleriniz varsa bunları mutlaka bir büyüğünüz ile paylaşın. Elinizdeki muhtabınıza dair verileri iyi değerlendirin. Kar-zarar analizi yaparak, kazanacağınız ve kaybedeceğiniz şeyleri iyi tespit edin. Bilin ki, iki gönül biraraya gelince samanlık seyran olmaz. Sevgi herşeyi halletmez. Prof. Dr. Nevzat Tarhan aşk, eşit ilişkilerde sürer, eşit olmayan uçurumlu ilişkilerde sürmez diyor. Ve arabadaki motoru sevgiye, direksiyonu da mantığa benzetiyor. Ne kadar seviyorsanız sevin, direksiyon yanlış yere gittiğinde bir gün mutlaka yanlışa çarparsınız.

Yok eğer sevdiğinizden ve doğru insanı bulduğunuzdan, her konuda onunla anlaşabileceğinizden eminseniz sonuna kadar kararınızın arkasında durun. Yalnız büyüklerinizi incitmeden, onları ikna ederek. „Anlamıyorlar işte,ne desem boş" diyerek kaçış yolları aramayın. Demek ki yeteri kadar izah edemediniz. Unutmayın, onlar da genç oldular. Doğru bir dille anlatıldığında mutlaka anlayacaklardır

Sırf ailenizi atlatmak ya da onlara sevdiğiniz kişiyi beğendirmek uğruna yalana yönelmeyin, eş adayının yalan söylemesine de izin vermeyin. Yalana yatkın bir birey ile de yuva kurmaktan vazgeçin. Yanlışı yanlış ile düzeltemezsiniz. Dürüstlük, evlilikteki güven bağı açısından çok önemlidir Eşinizde arayacağınız kriterlerden birisinin de ahlaki değerler olduğunu unutmayın. Ne sevdiğiniz ile evlenmek uğruna ailenizi ne de ailenizi memnun etmek uğruna sevdiğinizi kaybedin.

Evliliğin gençlerin ruh sağlığındaki rolü

Günümüzde sosyolog ve psikologların yaptığı araştırmalar evlilik ve ruhsal sağlık arasında olumlu bir ilişki olduğunu ortaya koymaktadır.

Daha önce bahsettiğimiz gibi, evlilik tabii, fıtri ve insanın kaçınılmaz ihtiyaçlarından biridir Bu tabii ihtiyacına sırt çeviren kimse şüphesiz kendisinde eksiklik hissedecektir. Zira fıtratının tersine hareket etmektedir Bedensel ve ruhsal zorluklarla karşılaşır. Günümüz dünyasında bir çok gencin müptela olduğu ruhsal sorunlar ve çoğalan streslerin en önemli nedeni zamanında evlenmemekten kaynaklandığı kesindir.

Genç kız ve oğlanlar yaşamının iniş ve çıkışlarında güvenli bir ortama ve duygusal bir zemine ihtiyaçları vardır Bunu temini için seçecekleri en iyi kişi eştir. Gençler evlenmekle ruhsal sağlık, emniyet ve sükunete kavuşurlar.

Allah-u Teala bu konuda şöyle buyuruyor;

"Ve delillerindendir ki sizin cinsinizden eşler yaratmıştır size, onlarla uzlaşıp geçinesiniz diye ve aranızda da sevgi ve merhamet ihsan etmiştir; şüphe yok ki bunda, düşünen topluluğa deliller var." (Rum/21

Resulullah (s.a.a)'de evliliği, insanda güzel ahlakın oluşmasında önemli etken olduğunu belirterek şöyle buyuruyor;

"Evlenmeyen kadın ve erkekler birbirleriyle evlensinler. Çünkü Allah, onların ahlakını (evlilikle) güzelleştirecektir"

Günümüzde sosyolog ve psikologların yaptığı araştırmalar evlilik ve ruhsal sağlık arasında olumlu bir ilişki olduğunu ortaya koymaktadır. Bu alanda amerikan sağlık kuruluşunun 1980 yılında yaptığı bir inceleme ruh sağlığıyla evlilik arasında manalı bir bağlantının olduğunu ortaya koymaktadır Evli insanların ruhsal sağlıkları evlenmeyenlere göre daha iyi bir durumdadır. Nörotik belirtiler evlilerde, evli olmayanlara göre daha az görüldüğü gibi, ruh hastalıkları hastanelerindeki yüzdeleri de azdır.

Evliliğin ve yuva kurmanın bu faydaları yani güzel ahlak, ruhun sağlıklı olması, sükunet, sevgi ve merhamet, aileyi toplumdaki diğer müesseselere göre eşsiz bir konuma getirmektedir. Öyle ki bu yüzden ona en köklü toplumsal müessese denilmektedir.

Evlilik ve aile kurmanın toplumun sağlıklı olmasındaki rolü

Evlilik ve yuva kurmak, toplumun bekası ve temiz olmasında önemli bir rol oynamakta, genel ahlak ve saadetli olmanın ortamını hazırlamaktadır Çünkü meşru evlilik cinsel kontrolsüzlüklerin ve karmaşıklıkların önünü alır Gençleri belli kural ve usul içinde hareket etmeye, toplumsal yaşama boğun eğmeye zorlar.

Evlilik ve yuva kurmak insanların özel bir fıtrat ve yaratılışından kaynaklanan doğal bir ihtiyaçtır Onu, gerçekleşmediği zaman toplumsal yapıya zarar vermeyecek normal toplumsal anlaşma olarak algılamamak gerekir. Aksine, mukaddes müesseseye gelebilecek her türlü zarar toplumun genel yapısını, değerleri ve kültürünü değiştirecek sonuçları doğurur.

    Aile, her türlü toplumsal kurumun temelini oluşturduğundan toplumu düzelten veya bozan, örgütleyen ve sistem veren en güçlü kurumdur. Ailedeki her türlü olumlu yada olumsuz değişimler insanların büyük toplumlarına direkt ve etkin bir tesir bırakır Ailenin tutarlılık ve tutarsızlığı da direkt olarak toplumu etkilemektedir. Ailelerde değerler sarsılırsa, ahlaki değerlerde toplumda yıkılacaktır Toplum ve aile birbirlerine öyle bağlılar ki toplum ailesiz olarak gerçek şeklini bulamayacaktır. İşbirliği, yarışma, mücadele, eşitlik, barış, hükümranlık, sulta altına girmek v.b toplumsal işlerin hepsi ama hepsinin kökü ailededir. Bunu bütün sosyolog ve psikologlar onaylamaktalar. İnsani şerafetin temeli, kendini düşünmek, sapmayı kabullenmek, hırsızlık, sahtekarlık... vs hepsi aileden kaynaklanmaktadır. Bunu da toplumsal suç uzmanları onaylıyorlar. Kısacası toplumların ilerlemesi veya geri kalması, yükselmesi veya düşmesi, düzenli veya düzensizliğinin nedenini ailede aramak gerekir.

    Toplumsal, siyasi ve kültürel hareketlerin çoğusu aileden başlamakta ve toplumda değişiklikler meydana getirmektir. Bu yüzden bütün semevi dinler, özellikle İslam, toplumdaki her türlü değişiklik için en etkili yolun aile olduğunu kabul etmektedir. Zira, bir taraftan aile bireylerin birbirlerine karşı etkilerinin merkezi olup, ailede bireyin tecrübe ve bilgileri toplumun şekillenmesinde en çok tesiri olmakta, öte yandan aile bireyleri topluma girdikten sonra birbirleriyle karışmakta, birbirlerini etkilemekte, inançları birbirine karışmaktadır Bu etkileşimlerin sonucu olarak bir düşünce tarzı, bir toplumsal düşünce, sonunda da kültürel bir sistem haline gelmektedir.

Açıktır ki, aile, eğer sağlıklı olmazsa, hastalıklı bireyler topluma girdikten sonra, başkalarıyla karşılıklı etkileşimlerin sonucunda hastalıklarını onlara da bulaştıracak, toplumun yapısını alt-üst edeceklerdir Bazen akılcı olmayan toplumsal bir davranış, bu ilişkilerin sayesinde beğenilmiş bir davranış biçimine dönüşebilir. Aynı şekilde bir toplumdaki aileler eğer normal ve sağlıklı olurlarsa, toplumda gerçek manada selamete kavuşacaktır.

İslam da işe aileden başlamıştır. İslam Peygamberi (s.a.a) aleni tebliğini önce ailesi ve aşiretiyle başladı. Devamının da tebliğini ve İslam toplumunu genişletmeyi, kendi ailesinin içinden ve Hz.Fatımatu'z-Zehra (s.a), İmam Hasan (a.s) ve İmam Hüseyin (a.s)'la sürdürdü. Aynı şekilde masum İmamlar (a.s)'da, işe her şeyden önce kendi ailelerinden başladılar.

Az bir dikkatle, Onların (a.s) evlilikleri, çocuklarının terbiyeleri, eşleri ve çocuklarıyla olan ilişkileri, aynı şekilde ailelerine yaptıkları vasiyetleri, tavsiyelerine baktığımızda, aileye ne kadar önem verdikleri ve bunun topluma bıraktığı tartışılmaz etkisini rahatlıkla görmek mümkündür

Şunu da belirtelim ki toplumun güzelliği ve bozukluğunda dini kurumlar ve iletişim araçları gibi diğer etkenlerin de rolü göz ardı edilemez. Ancak sosyolog ve psikologların yaptıkları araştırmalara göre bu etkileşimde aile önemli bir yeri tutmaktadır. Buda onu diğer etkenlerden tamamen ayırmaktadır

Bu yüzden temiz bir toplum için, temiz ailelerin tesisi gereklidir. İdeal bir toplum isteyenler, ideal aileler oluşturmak zorundalar.

EVLİLİĞİN ÖNEMİ VE EVLENMESİ FARZ VE SÜNNET OLAN KİMSELER

Yüce Allah, beşerin bedensel ve ruhsal ihtiyaçlarını farzlar ve sünnetler doğrultusunda tam anlamıyla gidermiştir. Toplumun her ferdi, her yerde ve alanda karşısına çıkan her türlü sorunu halletmede dünya düzeniyle iç içe ve uyum içerisinde olan ilâhî ve dini kanunlara göre hareket etmeye kendini hazırlamalıdır

Dinî programlar dışında kendi yaşam metodunu kendi düzenlemeye çalışan bir şahıs, kişisel zorluklarla karşılaşacak ve toplumsal problemlerin artmasına ortam hazırlayacaktır İşte uyulması gereken bu programlardan biri evliliktir. Evlilik bütün peygamberler, özellikle de İslâm Peygamberi Hz. Muhammed (s.a.a)'in katında üstün bir değere sahiptir. Kur'ân-ı Kerim'de yüce Allah evlilik hakkında şöyle buyuruyor:

İçinizdeki bekârları, kölelerinizden ve cariyelerinizden iyi olanları evlendirin. Eğer yoksul iseler Allah lütfu ile zenginleştirir onları. Allah lütfu bol olandır, bilendir.[1]

Evlilik, dinimizce yapılması sünnet olan amellerden biridir Yine ergenlik çağına girmiş gençlerin bu sünnete teşvik edilmesi de aynı şekilde müstehaptır. Dolayısıyla ergenlik çağına varmış bir gence evlilik farz kılınmamıştır Ancak aynı şahıs evlenmez de evlenmeyişinden dolayı zina, istimna, namahreme bakma, livata vb. gibi birtakım günah ve haramları yapıyorsa evlilik ona farz olur. Yine günaha düşme korkusu içinde olan bir gence de evlilik farzdır.

Şöyle ki, her genç erkek veya kız, belli bir yaş aşamasına geldiklerinde cinsel isteklerine karşı haramlardan kaçınma gücüne sahip olurlarsa kendilerine hakim olabildikleri müddetçe evlenmeleri müstehaptır. Aksi takdirde cinsel içgüdülerini kontrol edemeyerek haramlara mürtekip olurlarsa terk edilmediği ana kadar evlilik farz olur onlara.

Evlilik, insanların mânevi kemallere, olgunluğa erişmesi için Allah (c.c) tarafından beşere lütfedilen büyük nimetlerdendir. Ne yazık ki bugün, bazıları böylesine bir nimetten yararlanamıyor, bazılarıysa bundan yararlanmak istemiyor.

Günümüz dünyasında İslâm anlayışından uzak ülkelere, özellikle de çağdaş(!) denilen Batı ülkelerine bakacak olursak, ülke nüfusunu oluşturan bireylerin çoğunun yaşlarının ileri olmasına rağmen bekâr oldukları, geç evlendikleri veya hiç evlenmedikleri göze çarpar. Dolayısıyla genelde bu ülkelerde fesat ilerlemiş, karşısında durulmaz bir afet hâline gelmiştir. Öyle ki, insanlar ilâhî emri bir kenara bırakıp kendi ihtiyaçlarını giderebilmek için gayri meşru ilişkilere başvurmuşlar ve böylece toplumun fesada doğru sürüklenmesinde önemli rol oynamışlardır.

Bunun sonucunda çağdaş(!) diye tanınan Batı ülkelerinde haddi aşan boşanmalar, evlilik dışı ilişkiler, zina, ayyaşlık, ırza geçme ve erkeğin erkekle, kadının kadınla yaptığı iğrenç livata ilişkileri ortaya çıkmış ve günümüze dek süregelmiştir.

Bununla da kalınmamış, her geçen gün artan ve artırılan fuhuş yuvaları, randevu evleri, eğlence salonları vs. gibi yerlerle insan, hayvanca sömürülür olmuştur. Böyle bir toplumda yaşayan insanların bir bölümü bu gibi pisliklerle övünürken bazıları ise bunlara göz yummak zorunda kalmıştır Hatta bugün çoğu Batı ülkelerinde eşcinsellik kanun koruması altına alınarak, eşcinsellerin birbirleriyle evlenmeleri serbest bırakılmıştır

Çağdaş(!) ve özgür(!) ülkeler olarak tanınan Batıda iğrenç şeylere izin verilmiş, normal gözüyle bakılmıştır. Hayvanların bile yapmadıkları bu gibi iğrenç şeyleri insanoğlunun kendine reva görmesi şaşılacak şey doğrusu...

İşte bu nedenledir ki, ergenlik çağına girmiş gençlerin zaman kaybetmeden evlendirilmeleri, toplum içerisindeki fesadın ortadan kalkmasına vesile olacak önemli çözüm yollarındandır

Gerek kız olsun, gerekse erkek olsun ergenlik çağına girmiş bir gençte karşı cinse yönelik bir duyarlılık görülür, ona olan ilgisi bu çağlarda artmaya başlar. Edindiği bu duyguyu yalnızca ona sahip olmakla önleyebileceğine inanır Sahip olduğu takdirde de bu yanlış yaklaşım kötü ve iğrenç sonuçlar doğurur. İşte bu dönemde anne ve babalara düşen görev çocukları ergenlik çağına girdikten hemen sonra konuşturmak, evlenmeye ihtiyaç duyup duymadıklarını tatlı bir dille sormak olacaktır.

Evlilik, onlara aşılması güç bir engel gibi gösterilmemeli aksine teşvik edilmelidir. Zira evlilik, Allah (c.c) tarafından insanlara tanınmış güzel, iyi ve kıymetli kutsal nimetlerden biridir. Onunla dertler, perişanlıklar ve huzursuzluklar ortadan kalkar, yerini mutluluk, huzur, sevgi ve muhabbet alır.

Yüce Allah konu hakkında ne güzel buyurmaktadır:

İçinizden kendileriyle huzura kavuşacağınız eşler yaratıp aranızda rahmet ve muhabbet var etmesi O'nun belgelerindendir. Bunda düşünen topluluk için deliller vardır.[2]

Dikkat edilecek olunursa ayet-i kerimede rahmet ve muhabbet kelimeleri geçmektedir. O hâlde kadının erkekle, erkeğin de kadınla mutlu ve huzurlu bir yaşam sürmesi ancak meşru evlilikle mümkündür.

Dikkat edilmesi gereken ayrı bir husus yüce Allah'ın ayet-i kerimenin sonunda "bunda düşünen topluluk için deliller vardır" şeklinde buyurmuş olmasıdır. Acaba yüce Allah bu sözle neyi kastetmiştir?

Bu sorunun cevabına geçmeden önce Resul-i Ekrem (s.a.a)'den evlilik, evliler ve bekâr kimseler hakkında birkaç hadis nakletmek istiyoruz:

Kıyamet günü ateş ehli olarak haşredilecek kimselerin çoğu, içinizden bekâr olarak ölenlerdir.[3]

En kötüleriniz, (bu dünyadan) bekâr olarak ayrılanlarınızdır.[4]

Sizin en kötüleriniz, içinizden bekâr olanlarınızdır ve bunlar şeytanın kardeşleridirler.[5]

Ümmetimin en iyileri evliler, en kötüleri ise bekârlardır.[6]

Şimdi de Resul-i Ekrem (s.a.a) ile değerli ashabından Akkaf adlı sahabenin konu hakkında ders verici sohbetlerine geçelim:

Nakledildiğine göre bir gün Akkaf, Resul-i Ekrem'in (s.a.a) huzuruna gelip selâm verdi ve mübarek şahıstan hâl-hatır sordu. Resul-i Ekrem, Akkaf'ın konuşmalarından bekâr olduğunu anlamış, konuyu açmadan yavaş yavaş anlatmaya başlamıştı.

Bir ara; "Ey Akkaf, diye sordu. "Hanımın var mı?"Akkaf; "Hayır." diye cevap verince, Resul-i Ekrem; "Cariyen var mı?" diye sordu. Akkaf yine aynı cevabı tekrarladı: "Hayır ey Allah'ın elçisi..."

Resulullah ikinci kez "hayır" cevabını alınca, dedi ki:

— Peki, sağlığın iyi ve maddî imkânın var mı?

— Elhamdülillah tüm imkânlarım vardır ve Allah'a şükürler olsun ki sağlığım da yerindedir

Resul-i Ekrem Akkaf'dan bu cevapları alınca, yüzünün rengi değişti ve şöyle buyurdu:

— Ey Akkaf! Git evlen. Aksi takdirde hiç şüphesiz sen günahkarlardan olursun. Bir rivayete göre; şeytanın kardeşlerinden olursun. Bir başka rivayete göre de: Yahudi rahiplerinden sayılırsın.[7] (Eğer Müslüman isen sen de her Müslüman gibi benim sünnetime uymalısın.)

Akkaf onca sözden sonra utandı ve yalvarırcasına:

— Hatalıyım, ey Allah'ın Resulü, dedi. Yerimden kalkmadan önce birini tayin etseniz de onunla evlensem...

Bu konuşmalardan sonra istediği ortamı elde eden Resul-i Ekrem, mümin kadınlardan birinin adını vererek onunla evlenmesini istedi...

Yine Ehlibeyt İmamları'ndan nakledildiğine göre, Resul-i

Ekrem (s.a.a) bir gün minbere çıkıpAllah'a hamd-ü sena ettikten sonra şöyle hitap etmişti:

Ey inananlar! Cebrail (a.s) sırlara âlim olan Allah tarafından nazil olunca yanıma gelip, "Ey Allah'ın Resulü!" dedi. "Kızlar ağacın dallarındaki meyvelere benzerler, eriştikleri vakit koparılmaları gerekir Aksi takdirde güneşin hararetı ve rüzgârın şiddetli esintisi onların tazeliğini bozar. Kızlar da böyledir, ergenlik çağına vardıklarında, kalplerinde meydana gelen huzursuzluğun evlendirilmelerinden başka ilacı olmaz. Evlendirilmedikleri takdirde fesat ve günaha duçar olurlar..."[8]

Nûr / 32.

[2]- Nûr / 32

[3]- Vesail'üş-Şia, Kitab'un-Nikâh, böl:1, b:2, h:7.

[4]- Vesail'üş-Şia, Kitab'un-Nikâh, böl:1, b:2, h:3.

[5]- Bihar'ul-Envar, c.100, Ebvab'un-Nikâh, b:1, h:31, s:221.

[6]- Bihar'ul-Envar, c.100, c.221.

[7]- Bihar'ul-Envar, c.100, s.221.

[8]- Furu-u Kâfi, c.5, s.337.

Evliliğin Dünya ve Ahiret Eserleri

İmam Cafer Sadık (a.s) şöyle buyuruyor:

"Ensardan genç bir erkek, Resul-i Ekrem (s.a.a)'in mübarek huzuruna varıp kendi yoksulluğu için şikâyette bulundu. Resul-i Ekrem derdinin derman bulması için Ensardan olan gence; 'Git, evlen!' buyurdu."

"O vakit Ensardan bir başkası gence yanaşıp yavaşça; 'Benim de genç ve güzel bir kızım vardır,' diye fısıldadı. Eğer arzu edersen onu seninle evlendirmek isterim.' Bir an evvel Resul-i Ekrem (s.a.a)'in buyruğunu yerine getirmek isteyen genç, şahsına gelen bu teklifi memnuniyetle kabul edip yüce Rahman'ın bol rızkına mazhar olanlara katıldı. Haberi Resul-i Ekrem'e iletilince de, her kelâmı inciler saçan Allah Resulü diğer gençlere de; 'Kendinizi evliliğe hazırlayınız.' diye buyurdu."[1]

Bir başka hadiste Resulullah (s.a.a) efendimiz şöyle buyuruyor:

Evlenip aile oluşturunuz ki, rızkınızın çoğalmasına vesiledir.[2]

Evlilik, vücudun sağlığını koruma açısından, çok önemli bir etkendir. Tıpta birçok hastalıkların, ister bedensel ve ister ruhsal olsun, evlenmemekten kaynaklandığı tespit edilmiştir.

Evliliğin ahiret eserlerine gelince; manevî âlemde insanları tamamen olgunlaştıran evlilik, dairesi içerisine aldığı kişileri her türlü fesat ve fuhuştan koruduğu gibi yüce insaniyet makamına eriştirmede de en mühim rolü ifa etmektedir. Başka bir deyişle evlilik, Allah katında "efdal'ul-ibadet" yani ibadetlerin en güzelidir. Bakınız bu konuda Resul-i Ekrem (s.a.a) ne buyurmuştur:

Kim Allah'la bütün günahlardan arınmış, tertemiz bir hâlde mülakat etmek istiyorsa evlenmiş ve bir eşe sahip hâlde Allah'ın huzuruna çıkmalıdır.[3]

Görüldüğü gibi evlilikte ilâhî felsefe ve ilâhî değerler tahmin edilemeyecek kadar çoktur. Resul-i Ekrem'in (s.a.a) sözlerinden de anlaşılacağı üzere, hidayete açılan kapılardan biri evlilikten geçmektedir.

Hayırlı bir akıbet, temiz bir kalp ve tam bir iman sahibi ola bilmek için evlilik şarttır.

Evlilikten kaçınanlar iyi insanlar olsalar bile, ahirette evlilerin derecelerine varamazlar.

Konuyla ilgili kısa bir öyküyü anlatmakta yarar vardır:

Beşir b. Haris, yaşının bir hayli ilerlemiş olmasına rağmen evlenmemişti. Söylentilerin yuğun olduğu bir dönemde halktan biri yanına gelip; "Ey Beşir, halk hakkında konuşur, seni çekiştirip durur olmuştur. Bekârlığından dolayı Resul-i Ekrem'in mübarek sünnetini terk ettiğini söyleyip dururlar. Şimdi vaktidir ki bizleri affedip hakkında söylenenlerin doğruluğuna kanaat gösteresin."

Beşir onca sözü dinledikten sonra şöyle dedi: "Gidiniz Arkamdan konuşanlara, müstehap amelleri terk ettiğimi ama farz amellerle meşgul olduğumu bildiriniz."

Zamanla Beşir hastalandı ve kısa bir müddet sonra da ebedi âleme irtihal etti. Onu çekiştirip arkasından konuşanlar o gün Beşir'i rüyalarında gördüler: "Ey Beşir!" diye sordular. "Yüce Allah sana neler bahşetti?" Beşir şöyle cevap verdi: "Şimdi yüce Allah'ın benim için verdiği yüksek derecelerdeyim. Ancak, dünyadayken evli olanların mevkilerine erişmiş değilim.!"

Yüce Allah, evlilikle ilgili olarak şöyle buyuruyor:

Yine O'nun (Rabbinizin) delillerindendir ki onda sükûn bulmanız için (kendilerine meyil ve ülfet edesiniz diye) size kendi nefsinizden (cinsinizden) eşler yarattı ve aranızda bir sevgi ve bir merhamet kıldı. Hiç şüphe yok ki bunda düşünen bir topluluk için deliller (ibretler) vardır.[4]

Ayet-i kerimeden anlaşıldığı kadarıyla, Nebevi sünnet olan evlilikten kaçınanlar, çok şey kaybetmektedirler. Ayette geçen sükûnet, hem bedensel, hem ruhsal, hem kişisel ve hem de toplumsal açılardan gerçekleşir. Bu arada, evliliği terkten dolayı karşı karşıya gelinen bedensel hastalıkları da göz ardı etmemek gerekir.

Bununla birlikte bekârların bedensel ve ruhsal huzursuzluklarla karşı karşıya oldukları herkes tarafından az-çok bilinmektedir.

Toplumsal meselelerde bekâr kesimlerin sorumluluk duygusu, diğer kesimlere nazaran daha azdır. Bu yüzden bekârlar arasında intihar olayları daha fazladır Çoğu cinayetler de yine bekârlar tarafından işlenmektedir.

Gerçekte evlilik hayatına atılan bir şahıs, ailevi meseleleriyle iç içe kaldığı vakit toplum içerisinde yeni bir şahsiyet kazanır. Topluma nazaran sorumluluk duygusu da artar.

Sevgi ve rahmete gelince: Toplum, fert ve onun çoğu-luyla meydana gelir. Aynı şekilde büyük bir bina da tuğla ve onun çoğuluyla örülür. Dolayısıyla toplumu meydana getiren fertler ve binayı oluşturan tuğlalar arasında irtibat bulunmadıkça, yıkılmaya ve çökmeye maruz kalırlar İşte yüce Allah (c.c) da, insanı bu yüzden toplumsal yaşayış üzerine ve birbirlerine karşı bağ görevini yapacak eşler yaratmıştır.

Anlatılanlar, uzunca araştırmadan sonra satırlara dökülen bunca belgeler, hepsi birer yoldur değerli okuyucular. Yalnız, görünen yolu görmezlikten gelmenin mümkün olmayacağını bilmek gerekir. hâl böyleyken tek yol olan İslâmî sınırlar çevresinde yüce Allah'ın faziletlendirdiği, Resul-i Ekrem (s.a.a) efendimizin de yüce değerler verdiği bu sünneti görmezlikten gelmek "neden?" diye sorabiliyoruz ancak. Cevabıysa, size bağlı; siz anne ve babalar ve siz genç erkekler ve kızlara.

[1]- Vesail'uş-Şia, Kitab'un-Nikâh, böl:1, b:11, h:3.
[2]- Vesail'uş-Şia, Kitab'un-Nikâh, böl:1, b:10, h:3.
[3]- Vesail'uş-Şia, Kitab'un-Nikâh, böl:1, b:1, h:15.
[4]- Rûm / 21.

Prof. Dr. Hayrettin Karaman:

"Düğünde meşru eğlence ve neşe caizdir, hatta gereklidir"

Dinimiz haram, helal, mekruh, çirkin, ahlaka aykırı nesneler ve davranışları açıklamış, bunlara hangi durumlarda nasıl riayet edileceğini de bu yoldan -çerçeve olarak- aydınlatmıştır Düğünün nasıl yapılacağını din, detaylarıyla belirlememiş; bunun, haramlara düşmemek şartıyla düzenleme işini Müslümanlar'ın örf ve âdetine, içinde bulundukları şartlara bırakmıştır Medine'de Peygamberimizin (a.s.m.) muhterem eşi bir yoksul kızı gelin etmişti, gelin gittikten sonra Peygamberimiz (a.s.m.) eve gelmiş ve gelinin, bu şehirde âdet haline gelmiş olan müzik eşliğinde gidip gitmediğini sormuş, "Böyle bir şey yoktu" cevabını alınca, "Keşke olsaydı, Medineliler buna alışmışlardır, bundan hoşlanırlar" demiştir. Haramlar bellidir, düğünde meşru eğlence ve neşe caizdir, hatta gereklidir; haram işlemeden "müzik, oyun, eğlence, yeme içmeyi..." de içeren düğün şekilleri bulunabilir.

Psikolog Fatih Reşit Civelekoğlu:
İyi düzenlenmiş bir düğün, evlenen gençlerin özgüvenlerini artırır

İyi düzenlenmiş ve insanların memnun kaldığı bir düğün ile her şeyden önce evlenen gençler yalnız olmadıklarını anlarlar ki bu da dünya evine yeni adım atan gençlerin olası sorunları karşılamaları sürecinde özgüven duymalarını sağlar. Bununla birlikte bu birlikteliğin toplum tarafından onaylandığı anlamına gelen düğünler, gençlerin evliliğin önemini ve toplumsal yapı içerisindeki misyonunu doğru anlayabilmesi açısından önemlidir.

Öte yandan düğün aracılığıyla gerçekleşen bu güzel başlangıç evliliğin daha sonraki aşamalarının da sağlıklı işleyebilmesi açısından önemli katkılar sağlar Yine düğünün hazırlık evresinde taraflar birbirlerini daha iyi tanıma imkanı bulmakta, uç veren sorunlar akışı içerisinde çözümlenmekte, böylelikle evlilik gerçekleşmeden taraflar sorunlarını çözmeye yönelik ortak bir iletişim dili oluşturmaktadırlar.

Yapılan araştırmalar beynin zihinsel ve duygusal işlevlerini daha sağlıklı ifa edebilmesi açısından hayati öneme haiz dopamin, serotonin, oksitin gibi kimyasalların salınımını en ziyadesiyle tetikleyen etkinliğin sosyal iletişim ve paylaşım olduğunu ortaya koymuştur.

Dolayısıyla iyi organize edilmiş, olumlu duyguları yaşatmaya ve çoğaltmaya yönelik etkinlikleri içeren bir düğün, kişinin kendi iç dünyasında yaşadığı olumlu duyguları toplumla paylaşarak kendini ve çevresindekileri duygusal olarak zenginleştirir.

Şerli olanlarınız bekarlarınızdır`

Evliliğin insan hayatında çok önemli bir yeri vardır. Çünkü, neslin devamı buna bağlıdır İnsanların ruhen ve bedenen rahat ve huzur içinde yaşamalarında evliliğin, ailenin büyük rolü vardır.evliliğin dinimizdeki yeri üzerinde durmak istiyorum... Peygamber efendimiz;

Evliliğin insan hayatında çok önemli bir yeri vardır. Çünkü, neslin devamı buna bağlıdır İnsanların ruhen ve bedenen rahat ve huzur içinde yaşamalarında evliliğin, ailenin büyük rolü vardır. Dün, evliliğin ruhi, bedeni ve sosyal yönden faydalarına değinmiştim. Bugün de, evliliğin dinimizdeki yeri üzerinde durmak istiyorum... Peygamber efendimiz; `İslamiyette ruhbanlık (evlenmemek) yoktur`, `Nikah yapmak benim sünnetimdir. Sünnetimi yapmayan kimse, benden değildir`, `Bedeni ve maddi güç mevcut iken İslamda evlenmemek şeklinde bir uygulama yoktur` buyurmuştur. Peygamber efendimiz her zaman evlenmeyi teşvik buyururdu. Aileye, evliliğe çok önem verirdi. Bir defasında Resulullah efendimiz gençlere şöyle hitap etti: `Ey gençler, sizlerden kimin evlenmeye gücü yetiyorsa evlensin. Çünkü evlilik gözü haramdan bakmaktan sakındırır, haya ve iffeti korur.`

Peygamber efendimizin Eshabının bekar kalmasını istemezdi:

`Şerli olanlarınız bekarlarınızdır`, `Allahü teala, harama düşmekten korkarak evlenene mutlaka yardım eder` buyurmuştur. Evlenme hususunda Kur`an-ı kerimde mealen şöyle buyurulmaktadır: `Aranızdaki bekarları, kölelerinizden ve cariyelerinizden elverişli olanları evlendirin. Eğer bunlar fakir iseler, Allah kendi lütfu ile onları zenginleştirir. Allah, (lütfu) geniş olan ve (her şeyi) bilendir. Evlenme imkanını bulamayanlar ise, Allah, lütfu ile kendilerini varlıklı kılıncaya kadar iffetlerini korusunlar.`(Nur: 32,33))

`Kaynaşmanız için size kendi cinsinizden eşler yaratıp aranızda sevgi ve merhamet peyda etmesi de O`nun (varlığının) delillerindendir Doğrusu bunda, iyi düşünen bir kavim için ibretler vardır.` (Rum: 21)

Temim kabilesinden Ukkaf bin Bişr, Resulullahın yanına geldiğinde ona, evli olup olmadığını sordu. `Evli değilim` cevabını alınca `Evlenmen için gerekli malın var mı?` diye sordu. `Var, ey Allahın Resulü!` cevabını alınca `Evlenmeyen şeytanın işini kolaylaştırır, onun kardeşlerinden olur. Hıristiyan olsaydın rahiplerine katılırdın. Olmadığına göre niçin evlenmiyorsun? Bizim yaşayışımızın gereği evlenmektir. Biliniz ki, sizin en kötüleriniz bekarlarınızdır İbadetli ve ahlaklı kulları saptırabilmek için şeytanların kadınlardan daha güçlü bir silahı yoktur. Şeytanlar ancak evli olan ibadetli ve ahlaklı kulları saptıramazlar!`

Sonra bu zata seslenerek `Yazılar olsun sana ey Ukkaf! Hemen evlen! Evlenmezsen gidip gelenlerden; bocalayanlardan olursun` buyurdu. Bunun üzerine Ukkaf `Beni evlendir ey

Allahın Resulü!` dedi. Resulullah efendimiz de, `Seni Gülsüm kızı Kerime ile evlendirdim` buyurdu. (Müsnet)

Başka bir zamanda da buyurdular ki: `Evleniniz. Ben sizin çokluğunuzla diğer ümmetlere övünürüm. Sakın ha! Hristiyan rahipleri gibi bekarlığa yapışır olmayınız` (Camiü`s-Sagir).

Buhari`de bildirilen hadis-i şerifte de `...Allah`a yemin ederim ki, ben sizin Allahtan en çok korkanınız ve en çok takva sahibi olanınızım. Bununla beraber ben bazen oruç tutarım, bazen de oruçsuz bulunurum. Nafile namaz kılarım, gecenin bir kısmında da uyurum. Kadınlarla da evlenirim. İşte bu benim sünnetimdir, her kim benim bu sünnetimden yüz çevirirse, o benden değildir` buyurulmuştur.

EVLİLİK ÖNERİLERİ:

Bütün evliliklerde eşler ne kadar birbirini sevse ve uyum içinde olsa da ilk yıllardan itibaren çeşitli nedenlere bağlı olarak bazı anlaşmazlıklar ve buna bağlı sarsıcı olaylar yaşanır Bunun nedeni aileyi oluşturan bireylerin uyum sürecinde oluşu ve kişiliklerine bağlı olarak yaşanan çeşitli olaylar karşısındaki tepki ve davranışlardaki farklılıkların ortaya çıkışıdır

Bu uyum döneminde her iki tarafın ailesi de önemli rol oynar. Evliliğin ilk günlerinden itibaren eşler kendi aileleriyle yeni kurdukları yuva arasında ne kadar uyumlu bir denge kurmuşlarsa evlilik müessesesi de o kadar sağlam temeller üzerinde demektir. Bu dengenin sağlanmasında şu hususlara dikkat edilmelidir:

YUVA KURMA SORUMLULUĞUNUZ OLMALI

Eşler kendi ailelerine bağımlı değil; bağlı olmalı ve acil durumlar dışında kendine yetebilmelidir. Özellikle evlenecek gençlerin bir aile kurmanın ve yürütmenin sorumluluğunu yerine getirecek kadar donanımlı ve yeterli maddi imkâna sahip olması ailelerinin de sorumluluğundadır.

FARKLILIKLARA SAYGIYLA BAKILMALI

Evliliğin ilk yıllarındaki sorunların çoğu kişisel farklılıklara bağlı yaşanır ve büyüklüğüne ve şiddetine göre bütün evlilik hayatında etkili olur. Çatışma hayatın bir parçası olsa da seviyeli olması önemli. Ailelerin birbirine gösterdiği saygı kadar eşlerin birbirine ve birbirinin ailesine karşı gösterdiği saygı da etkilidir.

Yaşananlar eşe objektif olarak anlatılmalı

Eşler birbirinin ailesine ne kadar iyi olur, birbirlerine sevgi ve ilgi gösterirse o kadar mutlu olur. Kişinin ailesiyle arasında geçenleri anlatması gerekiyorsa objektif olarak anlatması problemleri en aza indirir. Eleştiride ölçüsüzlük ve önyargı ile suçlama savunmaya yol açar.

AİLELER MADDİ BEKLENTİ İÇİNDE OLMA MALI

Bazı gençler kendi yeni kurdukları yuvada ekonomik ihtiyaçlarını karşılamaya çalışırken bir de ailelerinin onlardan maddi destek beklemesi sıkıntılara yol açıyor Bazı annebabalar maddi ihtiyaçlarını karşılama konusunda verici olmak yerine kendileri onlardan beklenti içinde olurlar. Anne, babaların evlatlarından fazla beklenti içinde olmaması, bunun yanında gençlerin de vefalı ve her iki tarafın ailesini ihtiyaç zamanlarında koruyup gözetmesi uyumu artırır ve sorunları azaltır.

EŞLER BİRBİRİNE UYUMLU OLMALI; KİŞİLİK SINIRLARI KORUNMALI

Eşler uyumlu olmaya özen göstermeli, değişikliklere açık davranmalıdır Her konuda olduğu gibi değişim ve uyum konusunda da ölçülü davranılmalı, kişi kendi sınırlarını iyi belirlemeli, ihtiyaçlarını ve prensiplerini en güzel şekilde ifade etmelidir.

ÇEVRENİN ÖLÇÜLERİNİ DEĞİL KENDİ DEĞERLERİNİZİ BAZ ALIN

Evlilik hazırlığında ve daha sonra ailenin devamında maddi konularda çevrenin ne diyeceğine göre değil ihtiyaçlara göre hareket edilmelidir.

Kişi eşinin haksızlığı önleyeceğinden emin olmalı

Aile üyelerinden haksız bir muameleye maruz kalan kişi, eşinden yardım bekler. Bu noktada haksızlığı önleyecek kişi olarak eşinden destek görmek ister.

Arkadan konuşarak güven sarsılmamalı

Eşinin hoşlanmadığı davranışları kendi ailesine anlatmayı veya şikâyet etmeyi normal bir davranış olarak görmek yanlıştır. Karı-koca yaşadıklarını unutur; ama diğer aile bireyleri anlatılanları kolay kolay unutmaz. Ve bu da aile ilişkilerinin zedelenmesine sebep olur. Aleyhinde konuşulduğunu fark eden eş ise kendini aile içinde yalnız hisseder.

ŞİDDETİN ÜSTÜ ÖRTÜLMEMELİ

Eş veya ailesi tarafından görülen haksız muamele, psikolojik veya fiziksel istismarı yardım almak için anlatmalıdır Zira biriken ve doğru şekilde ifade edilemeyen öfke ve haksızlığa boyun eğmek sorunların katlanarak büyümesine yol açar.

EŞLER AİLELERDEN BEKLENTİ İÇİNDE OLMAMALI

Gençler de evliliğin gerektirdiği sorumlulukları yerine getirmek, maddi ihtiyaçları karşılamak için ailelerinden beklenti içinde olmak yerine kendileri de maddi imkanları sağlama konusunda gayret etmelidir.

Arkadan konuşmaları aktarmamalı

Hiç kimse arkasından konuşulup eleştirilmek istemez. Bu tür hatalar evliliğin ilk yıllarında ciddi sorunlara ve sevgi eksikliğine sebep

EVLİLİĞİN KIYMETİ BİLİNMELİ

Evlilik insan hayatında en önemli aşamalardan biri şüphesiz. Evlilik bir büyük yolculuktur. Yolculukta beraber olduğumuz kişiler ya o yolculuğu çok zevkli hale getirir ya da o yolculuğu ızdırap haline. İnsan elbette mutlu olmak için evlenir. O yuvada insanlar hayallerindeki mutluluğu yakalamaya çalışırlar.

Günümüzde yaşanılan evlilikler acaba bu beklentiye ne kadar cevap veriyor? Gerçekten bu beklenti ailede veya evlilikte karşılığını bulabiliyor mu?

Evlilikler neden yıkılıyor? Aileler neden dağılıyor? Aslında bu soruların cevabı evlilik öncesine dayanıyor Evlilikler hatalar üzerine kuruluyor. Sonuçta ilk sarsıntı yıkımla sonuçlanıyor. Evlilik öncesinde yapılan hatalar şunlar:

ACEMİCE VE BİLİNÇSİZCE EŞ SEÇİMİ YAPILIYOR

Adeta "Hele bir evlenelim de o zaman doğruyu ve yanlışı anlarız." mantığı hakim pek çok evlilikte. Düşünün bir kere trafikte bir araç kullanabilmek için aylarca kursa gitmek gerekiyor, bir çocuğa tarih dersini anlatabilmek için ise üniversite bitirmek. Ama eş seçip evlenmek ve dünyaya çocuklar getirip onları yarınlara hazırlamak için ne kadar az şey gerekiyor. Daha birlikte yaşamanın anlamını ve sorumluluğunu bilemeden bir ömrü birlikte yaşayacağı insanı seçiyor. Sonra da deneme yanılma süreci başlıyor. Olmadı hadi bitirelim bu evliliği deniliyor ve mutluluklar başka bahara kalıyor.

ORTAK FİKİR VE DÜŞÜNCEYE DİKKAT EDİLMİYOR

Evlilikler sadece çiftlerin haz duygularını tatmin alanı değildir. Bizim inanç ve kültürümüze göre evlilik ve aile hem bu dünya hem de ahiret hayatının kazanımları için yapılırYani insanlar yaşadığı birliktelikle ve yetiştirdiği yeni nesillerle bu dünyada ve ahirette mutlu olur. O nedenle seçilen eşin ahlaklı ve inançlı olması da önemlidir Bir zamanlar (eli yüzü düzgün biri, helal süt emmiş biri) ile bu kastedilirdi. Şimdilerde bu kaçıncı sıralarda acaba? Bizim için ailelerde olması gereken; saygı, sevgi, vefa, edep, hoşgörü, samimiyet, itaat duygusu ve namus anlayışı acaba ne kadar anlamlı bir şekilde bilinip yaşanıyor?

YENİ EVLİLER ARTIK HER ZORLUĞU YALNIZ AŞMAK ZORUNDA

Yeni evliler adeta evlenir evlenmez kendi başlarına kalıp her zorluğu kendi başlarına çözmeye çalışmakta ve çoğu zaman basit sorunlarda ciddi sıkıntılar çekmektedir Önceden aile yapımız eşlerin aile büyüklerinin adeta koruma bariyeri ve kılavuzluğu ile sığ suları kazasız belasız atlatabiliyorlardı. Gün geliyordu koca aile büyüğü tarafından nasihatle uyarılıyordu. Eşin ve çocukların zarar görmesi engelleniyordu. Gün geliyordu evin kadını çocuk yetiştirme konusunda aile büyüğünün engin tecrübesini yanında hissediyordu. Şimdilerde basit bir sorun zamanında çözülemeyince bir ailenin sonu olabiliyor.

EŞLER BİRBİRLERİNE YETERİNCE ZAMAN AYIRMIYOR

Adeta insanlar birbirlerinden kaçmakta. En basitinden aile bireyleri birlikte olabildikleri en değerli vakitlerini televizyon karşısında, internet başında ya da kulaklıkla müzik dinleyerek geçirmekteler.

Anne ve babalar, çocuk avutmakta kullandığı televizyonun bağımlısı oldu.Akşamları en verimli vakitler daha çok babalar haber izlemekle, anneler dizi izlemekle ve çocuklar ne bulurlarsa onunla yetinerek geçiyor.

Evliliklerde kişiler belki fizikî olgunluğa ulaşıyor; fakat kişilik olarak ve sosyal sorumluluklar açısından yetersiz kalıyorlar. Evliliğin sadece zevk ve sefa yönü öne çıkıyor ve insanlar çabuk kırılıp dökülüyor Karşılaşılan sorunlar bilinçli bir rehberlikle aşılamadığı zaman gereksiz yere büyüyor Önce aile içi şiddet ve son olarak boşanma yolu seçiliyor. Sonuçta eşler evlilik mi yapıyorlar yoksa evcilik mi oynuyorlar anlayamadan mahkemelere koşuyorlar.

İDEAL EVLİLİK

Artık evlenmek istiyorsunuz... Peki evleneceğiniz adayın ideal eş olup olamayacağından nasıl emin olabilirsiniz? Uzmanlara göre, erkeklerin bazı karekteristik özellikleri size bu konuda ipuçları veriyor...

İdeal Eş Adayı Hangi Özellikleri Taşımalı?

• İdeal eş adayı öfkelenmeden konuşabilmelidir.

• Kıskanılacak konularda eşine güvenmeli, kendi bildikleri kadar eşinin söylediklerine de değer vermelidir.

• Ailesine değer vermeli, ama her yapacağını onlara danışmamalıdır

• Tartışmalarda sesini yükseltmemeli ve kırıcı olmamalı, şu kadın işi, şu erkek işi demeden sorumluluk almalıdır.

• Arkadaşları arasında sevilen ve aranan bir insan olmalı, kendine ve etrafına karşı sorumluluklarını yerine getirmeli ve bana neci davranmamalıdır

• Kendine ait uğraşları olmamalı, boş zamanlarında oflayıp-puflamamalı, kendine özen göstermeli ve aynı özeni çevresindekilerden de beklemelidir.

• Kendisini çok fazla ciddiye almamalı, hatta zaman zaman dalga geçebilmelidir.

EVLİLİKTE SORUNLARIN ÇÖZÜMÜ

Eşler sorunları çözmek ya da sorun oluşmaması için birbirlerine karşı empatik davranmalı. Eşlerin, birbirlerinin isteklerini, ihtiyaçlarını anlayarak, eşini dinlemesi ve ona pozitif destek vermesi gerekir. Eşler arasındaki gerçek yakınlık, içtenlik ve bütünlük empati kurabildikleri sürece ortaya çıkar. Eşler empati kurabilmeyi becerebilirlerse koşulsuz sevgiyi ve aşkı yakalayabilirler. Aile içinde öfke ve kızgınlıkla başa çıkabilmelidir Her kızgınlık bir kurallar ihlalidir. Birbirinize kızdığınızda dikkat edin, sizi rahatsız eden o kişinin davranışları değil, sizin koyduğunuz kurallarınızdır Sizin için önemli olan nedir? Nedenini çok da bilmeden koyduğunuz kurallarınız mı yoksa kızılan olay mı?

Sorunları Biriktirmeyin

Aile içerisinde yaşadığınız küçük problemlerinizi biriktirmeyin. Bilindiği gibi patlamalar bir birikimin neticesinde olur. Yeri geldiğinde ifade edilmeyen küçük tepkiler bir sonraki ile birleşip tehlikeli hale gelecektir. Aile içerisinde huzur ve mutluluğu yakalamak için, eşinizle sizi karşı karşıya getirecek olan problemler henüz küçükken oturup konuşun ve onu çözmenin yollarını araştırın. Nasıl olsa kendi kendine çözülür diye düşünmeyin.

İlişkinizin Bakıma ve İlgiye İhtiyacı Var

İlişkinize düzenli olarak bakım yapın. Biz insanların çok garip alışkanlıkları ve davranışları vardır Araba kullanırsınız; kullandığınız araba size problem çıkarmasın diye periyodik bakım yaptırırsınız Aynı titiz bakımı aile içi iletişiminize vermeniz gerektiğini hep unutursunuz. Zaman zaman ilişkilerinize bakım yapmalısınız. Duygusal banka hesabımızı kabarık tutmanın yollarına bakmalısınız. Richard L. Evans'a göre; "Her şeyin bakıma, ilgiye, izlenmeye ihtiyacı vardır özellikle hayatımızdaki en hassas ilişkilerin. Ve evlilik de bir istisna değildir. İhmal edilen bir şey olduğu gibi kalmaz, mutlaka bozulur."

Bunlara Dikkat Edin

- Eşinizi kesinlikle başkalarının yanında (çocuğunuz bile olsa) eleştirmeyin.
- Eleştiri yaparken rencide edici değil, yapıcı olmaya dikkat edin.
- Eşinizi değiştiremeyeceği fiziki özelliklerinden dolayı eleştirmeyin ya da başkalarıyla karşılaştırmayın.
- Sürekli eleştiri yapmaktan kaçının. Bu bir süre sonra karşıdaki insanda "duyarsızlığa" sebep olur
- Sadece beğenmediğinizde değil, beğendiğinizde de eşinize bunu belli edin.
- Eşlerinizin ebeveynleriyle iyi ilişkiler kurun.

MUTLU BİR EVLİLİK İÇİN 5 ÖNERİ

Kimileri aşkın varolduğuna inanmazken, kimileri ise aşksız yaşayamayanlardan. Peki siz aşka inanıyor musunuz? Güven veren, mutlu ve sağlıklı bir ilişki mi yaşamak istiyorsunuz? Yanıtınız "evet" ise, mutlu bir aşk için 5 ipucu size yol gösterebilir...

1. Sadık olun: Sağlıklı ve mutluluk verici bir ilişkinin temeli bağlılığa dayanır Yakınlaşmaktan korktuğunuz için sevdiğinizden uzaklaşmak isteseniz de, sadakat sayesinde ona bağlı kalırsınız. Sadakat, sorumluluk almak, korkuları kontrol etmek ve duygusal olarak hazır olmak demektir. Eğer iki taraf da gereken sadakati gösterirse, sağlıklı bir ilişki için ilk adım atılmış olacaktır

2. **Kişisel sorumluluklar alın:** İnsan, olgunlaştıkça kendi sorumluluklarını öğrenir ve bu sorumluluklar çerçevesinde hareket eder. Ancak bazı sorumluluklar vardır ki, bunlar başkasına karşıdır. Partnerinizi olduğu gibi kabul edin. Bu ilişkinin sadece sizin değil, ikinizin duygusal ihtiyaçlarını karşılamak için olduğunu unutmayın.

3. **Kendinize iyi bakın:** Hiç kimsenin sizin mutluluğunuzu 'sağlamasını' beklemeyin. Eğer kendinize iyi bakar, ihtiyaçlarını karşılarsanız, ilişkinizin daha dengeli olmasını sağlarsınız. Partneriniz için her şeyi siz yapmayın. Unutmayın ki, onun 'kendisine' iyi bakmayı öğrenmesi gerekiyor.

4. **Dürüst olun:** Kafanızı karıştıran, sizi üzen konuları, ihtiyaçlarınızı, isteklerinizi, duygularınızı ve sınırlarınızı dürüstçe ve açık olarak ifade edin. Doğruları söyleyip söylememe çelişkisine düşmeyin. Doğruları, ilişkinizi zedelemeyecek biçimde söylemeye dikkat ederseniz, mutlu olursunuz.

5. **Kendinize düşen görevi yapın:** Sağlıklı ve mutluluk verici bir ilişki çaba gerektirir. Elinizden geldiği kadar 'canlı' yaşamaya çalışın, duygusal sorunlarınıza çözüm arayın, her şeyi yönetmeye çalışmayın, geçmişinizdeki sorunlarla yüzleşin ve korkularınızı yenin. Böylece 'sağlıklı bir ilişki' için kapasitenizi artırmış olacaksınız!

EVLİLİKTE MUTLULUĞUN FORMÜLÜ

Kimi mutluluğu parada görmüş, kimi evladında ve ailesinde, kimileri de çeşitli batıl inançlarda aramış huzuru...

Bilmem kaç milyar insan geleceğini öğrenmek ve işlerinde

isabetli karar vermek için servetler harcamıştır.

Rehberimiz Hz. Muhammed (sav) bizlere işlerimizde başarıyı yakalamanın, isabetli kararlar vermenin, huzurlu, mutlu bir şekilde yaşamanın formülünü söylüyor: "İstihare eden mahrum olmaz; istişâre eden pişman olmaz; iktisat eden fakirlik sıkıntısı çekmez." (Taberanî; Mu'cemu's-Sağir)

Yani; 3İ: İstihare, İştişare, İktisat.

Haydi hep beraber bu 3İ'nin deryasında kulaç atıp hayatımızı mutlu, kararlarımızı isabetli bir hale getirelim.

İSTİHARE:

İstihare "hayırlı olanı istemek" anlamına gelir İnsanlar, kendileri için önemli olan bir karar verecekleri veya bir seçim yapacakları zaman, bazen belki eldeki verilerin yetersizliği sebebiyle veya çeşitli sebeplerle dünya ve âhiret bakımından kendileri için hangi seçimin hayırlı olacağını kestiremezler ve bunu bilmek için çeşitli çarelere başvururlar.

Mesela, Peygamberimiz'in (s.a.v) nübüvvetle görevlendirildiği sıralarda Araplar'dan bir kimse yolculuğa çıkmak istediğinde, bu yolculuğun kendisi için hayırlı olup olmadığını anlamak için fal oklarına başvururdu.

Peygamberimiz (s.a.v.) bu âdeti kaldırarak onun yerine istihareyi getirmiş ve şöyle buyurmuştur:

"Biriniz bir iş yapmaya niyetlenince farzın dışında iki rek'at namaz kılsın ve şöyle desin: Ey Allahım, ilmine güvenerek senden hakkımda hayırlısını istiyorum, gücüme güç katmanı istiyorum. Sınırsız lütfundan bana ihsan etmeni istiy orum, gücüme güç katmanı istiyorum.

Ben bilmiyorum, ama sen biliyorsun, ben güç yetiremem ama sen güç yetirirsin. Ey Allahım! Yapmayı düşündüğüm bu iş, benim dinim, dünyam ve geleceğim açısından hayırlı olacaksa, bu işi benim hakkımda takdir buyur, onu bana kolaylaştır, uğurlu ve bereketli eyle.

Yok, eğer benim, dünyam ve geleceğim için kötü ise, onu benden, beni ondan uzaklaştır. Ve hayırlı olan her ne ise sen onu takdir et ve beni hoşnut ve mutlu eyle!" (Buhari, Teheccüd-25)

Namazda, makbul olanı; ilk rekâtta Fâtiha ve Kâfirûn Sûresi, ikinci rekâtta ise Fâtiha ve İhlâs Sûresi okumaktır.

İki rekât namaz kılıp bu duayı yaptıktan sonra, kalbe doğacak istek veya nefretle yahut yapıcı veya engelleyici sebeplerle işin hayırlı olan tarafı gerçekleşmiş olduğuna kanaat beslenir ve buna rıza gösterilir. Namazı kıldıktan sonra dünya kelamı etmemek, sağ tarafa ve kıbleye doğru yatmak, uyumaya çalışırken kalben zikretmek güzel olan şeylerdir.

İSTİŞARE :

Bir iş yaparken ehline sormaya "meşveret" veya "istişâre" denir. İstişare sünnettir. Kur'an-ı kerimde mealen, "Yapacağın işi önce meşveret et!" buyruluyor. (Âl-i İmran, 159)

Hadis-i şeriflerde de buyruldu ki: "İstişare, pişmanlığa karşı kaledir." "İnsanı pişman eden, kendi görüşündeki ısrardır" (Maverdi) "Kendi düşüncenize göre hareket etmeyin!"

"Yapacağı işi ehli ile istişâre edene, o işin en güzeli nasip olur." (Taberani) Hazret-i Âdem, "İşlerinizi istişâre ile yapın. Eğer ben, yasak meyve konusunda meleklerle istişâre etseydim, musibete maruz kalmazdım" buyuruyor.

İstişare edilecek kimsede şu vasıflar bulunmalıdır:

1- Akıllı olmalı! Akıllı ile istişâre galibiyet, ahmakla istişâre mağlubiyet denilmiştir. Hadis-i şerifte: "Akıllıya danışıp onu dinleyen, doğruyu bulur, dinlemeyen pişman olur." (Maverdi)

2- Tecrübeli, işinin ehli olmalı! Çünkü her şey akla, akıl da tecrübeye muhtaçtır. Hadis-i şerifte buyuruldu ki: "Tedbirli kimse, işinin ehli olana danışıp, ona göre hareket eder." (Ebu Davud)

3- İlim sahibi ve sâlih olmalı! Hadis-i şerifte buyuruldu ki: "Salih olan âlimlerle istişâre edin!" (Taberani) Hazret-i Ömer, (Allah'tan korkanlarla istişâre edin) buyurmuştur.

4- Dost olmalı! Dost olmayan kimseler, yanlış bilgi verebilir.

5- Fikri kuvvetli, sıhhatli olmalı! Düşüncesi dağınık, kaygılı kimselerin görüşü isabetli olmaz.

Danışılacak kimsenin, insanların hâlini, zamanın ve ülkenin şartlarını bilmesi gerekir. Bundan başka, aklı, fikri kuvvetli, ileriyi gören ve hatta sıhhati yerinde olan kimselerle istişâre edilir. Peygamber efendimiz ashabı ile istişâre eder, bazen bir iş için, akıl, takva, hikmet ve tecrübe sahibi on kişiye danışırdı.

Hadis-i şeriflerde buyuruldu ki: "İstişâre edilen, güvenilen kişidir, kendisine layık gördüğünü başkasına tavsiye eder."

(Taberani)
"Danışana, bilerek yalan söyleyen ona hıyanet etmiş olur."
(İbni Cerir)
"Danışan yardıma kavuşur. İstişare edilen emindir."
(Askeri)

İKTİSAT:

İnsan, elindeki meşru malı ve serveti doğru zamanda doğru yerde, doğru şekilde ve doğru miktarda harcamalıdır. Buna infâk ve cömertlik denir. Yine insan mülkiyetindeki meşru malı ve serveti harcamanın şartları oluşmadığı zaman doğru bir şekilde elinde tutmalıdır.

Buna da iktisat etme, tasarruf ve kanaat denir. İnfak ve cömertlik kadar iktisat ve kanaat da iyidir, güzeldir. Hz. Peygamber: "İktisad eden fakir olmaz, iktisad eden yoksulluk yüzü görmez", "iktisad edenin hesabı kolay olur." (Ahmed b. Hanbel, Müsned 1, 447, 198). Diğer bir hadiste şöyle buyrulmuştur: "Güzel gidişat sahibi, sevilen ve iktisad eden bir insan olmak peygamberliğin 24 bölümünden bir bölümdür." (Tirmizi Rırr, 66, Ebu Davud, Edeb, 2).

İktisat etmeyen ve kanaatkâr olmayan bir kimse elinde olanı hesapsız harcadığı zaman zorunlu ihtiyacını karşılamak için dilenmek mecburiyetinde kalabilir, nâmert kişilere yüzsuyu dökebilir.

Bu da onun kişiliğine zarar verir. İnsanda şeref-i nefs ve izzet-i nefs denilen bir duygu vardır. Nâmert kişiler önünde yüzsuyu dökmek bu asil duyguya zarar verir.

Onun için kara günde harcamak üzere ak akçe biriktirme tavsiye edilmiştir. Kalbimizin ve aklımızın yol göstericisi Kur'ân bize iktisadı ve cömertliği ne kadar güzel anlatıyor: "Eli sıkı olma ama büsbütün eli açık da olma, sonra elden çıkardıklarının hasretini çeker durursun." (İsra, 29).

İşte dostlar; Rehber-i Ekber'in (s.a.v.) yolumuzu aydınlatan üç öğüdü. Gelin bunları hayatımıza düstur yapalım, hem mahrum, hem pişman, hem fakir olmayarak izzeti nefsimizi ve izzeti şerefimizi koruyalım.

EVLİLİKTE ERKEKLER KADINLARDAN NE İSTER

Alışveriş yapmak zevkli değildir ve asla da olmayacaktır.
'Beni seviyor musun?' diye sormayın. Emin olun ki sevmesek yanınızda
bir saniye bile durmayız...
Bizden sizinle aynı üzüntüyü çekmemizi beklemeyin, o sizin kız arkadaşlarınızın işidir
Bir yere gittiğimizde, hangi kıyafeti giyerseniz giyin, size çok yakışıyor, yemin ederiz. O yüzden bir daha sormayın.
Biz erkekler basitizdir. Mesela sizden ekmeği getirmenizi istiyorsak, aslında ekmeği getirmenizi istiyoruzdur. Bundan 'ekmek Masada değil' diye bir iğneleme yaptığımız sonucunu çıkarmayın...
Eğer 2 değişik şekilde anlayabileceğiniz birşey söylemişsek ve bunlardan biri kötü ve sizi üzecekse, kesinlik-

le öbür anlamında söylemişizdir, boşuna bizi sıkıntıya sokmayın...

Eğer birşey istiyorsanız sormanız yeterli. Birşeyi açıklığa kavuşturalım. Biz erkekler öyle farklı anlamlar taşıyan dolaylı soruları anlamayız.

Ne istiyorsanız doğrudan söyleyin...

Eğer şişmanladığınızı düşünüyorsanız büyük ihtimalle şişmanlamışsınızdır zaten. Bize sormayın, cevap vermeyi reddediyoruzdur.

En karmaşık durumda bile bizim için temel kural şudur: 'En kolayını seç'.

Bizden komplike şeyler beklemeyin.

Erkeklerin çoğunun en fazla 3 çift ayakkabısı vardır

Biz basitizdir. O yüzden 30 çift ayakkabınızdan hangisinin kıyafetinize uyacağını sormayın, bilmiyoruzdur Sormayınız.

Cuma + Cumartesi + Pazar = Bol yemek ve mutfak gerçekliğinin icrasıdır..

Bizi anlamaya çalışın lütfen, fazla abartmayın ama...

Evi temizleyip yorulduktan sonra, yüzünüze bakılmayacak haldeyseniz, yaptığınız temizliğin bizim için bir anlamı yoktur, takdir beklemeyin. Temiz bir evden önce güzel en azından bakımlı görünen bir kadınla bir evi paylaşmak daha anlamlıdır..

Size 'neyiniz var' diye sorduğumuzda, 'hiç bir şeyim yok' derseniz size inanırız, bizim için olay bitmiştir. O yüzden bir şeyiniz varsa doğrudan söyleyin sonra bizi anlayışsız durumuna düşürmeyin...

YAZIYI OKUYUN KOCANIZIN HANGİ GURUBA GİRDİĞİNİ ÖĞRENİN

Kadın akşam işten çıkar. Çocuğu yuvadan alır. Markete geçer ıspanak alır Koştura koştura eve döner. Çocuğu soyar, elini yüzünü yıkar.
Kendi üstünü değiştirir. Mutfağa koşar. Bir yandan ıspanakları yıkar bir yandan çocuğun sorularına ve ihtiyaçlarına cevap verir.
Bir yandan sofrayı hazırlar... *O DA NE YOĞURT ALMAYI UNUTMUŞTUR!* Yoğurtsuz ıspanak olmaz... Hemen kocasını arar.

İşte Kocadan Kocaya değişen cevaplar:

1) Ben geç geleceğim. Toplantım var. Yoğurtsuz yiyin
 (laçkalaşmış koca)

2) Ben geç geleceğim Çok üzgünüm, tühhhhhh şimdi ıspanak da yoğurtsuz olmaz ki E yoğurt getireyim kapıdan bırakayım hemen döneyim, toplantı bu kaçırsam olmaz. Mazallah dağlara taşlara işten atılma sebebim olur sonra yoğurt dökecek ıspanak bile bulamayız.(*Eve gelmemek için*

bahane arayan koca ,ama bi yandan da vicdanı sızlayan koca..)

3) Aradığınız numaraya şu anda ulaşılamıyor........ *(Gözü dışarıda olan koca)*

4) Mendebur kadın ıspanağı aldın da yoğurdu niye almadın! *("kazma" tipi koca)*

5) Igggghhhh yine mi ıspanak. Otlaya otlaya sığır olduk *("kalas" tipi koca)*

6) Tamam alırım *(monotonlaşmış koca)*

7) Tamam alırım başka bir şey lazım mı?*(Normal koca)*

8) Tamam hayatım alırım başka bir isteğin var mı?*(İdeal koca)*

9) Amannn ıspanakla mı uğraştın? Yapmadıysan bırak ya dışardan söyleyelim ya da dışarıda yiyelim *(Yok böyle koca)*

ERKEK İÇİN KADIN ANLAMA KILAVUZU

Erkeklerin en fazla yakındıkları konulardan biri de, kadınların sözlerinin ve tepkilerinin altında yatan asıl gerçek lerdir. Çünkü çoğu zaman kadınların "peki" lafının altında bile farklı bir tepki yatıyor olabilir İşte erkekler için kadınlara dair tüyolar:

İYİ: Bir kadın yerden göğe kadar haklı olduğu bir konuda bir erkekle tartışmaya girmişse, erkek artık saçmaladığını bilsin çenesini kapasın diye kadın bu kelimeyi söyler... Bu arada bir erkek, kadının "nasıl görünüyorum?" sorusuna cevap olarak asla "İYİ" dememelidir, yoksa kadının yerden göğe kadar haklı olduğu bir diğer tartışma başlar...

5 DAKİKA: Bir kadının "5 DAKİKA"sı yarım saate eşittir Tabi bir erkeğin 5 dakikasının da tv'deki maçın ne zaman biteceğine eşit olduğunu düşünürsek, durum gayet adil ...

HİÇ: Bir erkek saatlerdir karşısında somurtan kadına en sonunda "neyin var?" diye sormayı akıl ederse alacağı cevap budur. "HİÇ" cevabını alan erkek anlamalı ki az sonra kadının yerden göğe kadar haklı olduğu bir kavga başlayacak, ve bu kavga en az "5 DAKİKA" sürücek...

PEKİ (Tek kaşını kaldırarak): İşte kadının bu lafının ardından erkeğin bir soru daha sorması büyük cesaret işidir... Çünkü bunun ardından kadın "HİÇ" yüzünden sinirlenecek ve bir tartışmaya daha başlayacaksınız, kadının yerden göğe kadar haklı olduğu bu tartışmanın sonunda da, kadın "İYİ" diye bağırarak odadan çıkıp gidecek...

PEKİ (Normal bir yüz ifadesiyle): Bunun anlamı "pes ediyorum" ya da "aman ne halin varsa gör"... ama kaşlardan birinin havaya kalkması an meselesi, hemen ardından "HİÇ" yüzünden kavga çıkacak. Kadın "55 DAKİKA" sonra "İYİ" diye bağırarak odadan gidince herşey normale dönecek...

PEKİ (Her iki kaş da havada): Siz öldünüz.... "5 GÜN" boyunca herşeyi unutun hatta yemeği, ütülenmiş gömlekleri bile...

AİLEYİ AYAKTA TUTAN FORMULLER

Aile, toplumun en temel birimi, çekirdeğidir. Güçlü aile birliktelikleri, güçlü toplum çınarlarını oluşturur. Ailedeki değişim, tüm sosyal kitlelerdeki değişimi tetikler, hatta derinden etkiler. Bu büyük etkileşimde ailenin lideri anne babaya büyük pay düşmektedir. Anne babanın, ailedeki liderliği bir saraya benzetilirse; bu sarayın 6 büyük sütun üzerine kurulduğundan bahsedilebilir.

Lider; etkileyen'dir. Yöneten değil, yürekten takip edilendir. Ailede de; ebeveynler, içerisinde bulundukları aile sisteminin atan nabzı gibidirler. Çocuklarını, gönülden etkilemek, güzel ilkeler, değerler ve inançlar ile yoğurabilmek adına, anne babanın liderliği toplumu da etkileyecektir

1. Sütun; Vizyon

Anne babanın ailede etkin bir konumda olabilmesi adına sahip olmaları gereken en önemli unsur; vizyondur. Öncelikle, anne babanın hayalinde aileleri için bir büyük hayal olmalıdır Şu soru, ailede vazgeçilmez sorudur; "Biz aile olarak niçin varız? Ufkumuzu tutan temel sevdamız, varlık gayemiz nedir?" bu sorunun cevabı, tüm aile fertlerini ateşleyecek kadar etkileyici ve yüksek olmalıdır.

2. Sütun; Hitabet

Anne baba, güçlü vizyonlarını, ailenin diğer fertlerine de etkili bir şekilde ifade edebilmelidir. Zihinlerindeki yüksek ideale, tüm aile olarak kilitlenip, birlikte harekete geçmek için, anne babanın iyi hitabet sahibi olmaları gerekmektedir. Konuşmalarıyla, aile fertleri için seçtikleri özel hitap ifadeleriyle, hedefe sürekli motive eden konumunda olmalıdırlar.

3. Sütun; Kişisel Liderlik

Anne baba, önce kendi hayatlarının lideri olmalıdırlar İdeallerinin tutkunu olarak yaşamalıdırlar. Hedefli bir insan olma adına hiçbir fedakarlıktan kaçınmamalıdırlar Aile bireyleri hedeflerine hızla koşuyor olma modelini bizzat ebeveynlerde gözlemliyor olmalıdırlar

4. Sütun; Motivasyon Becerisi

Ailenin; hayalinde oluşan vizyona ulaşma sürecinde, fertlerin motivasyonlarında düşüşler yaşanabilir. Bazen, ümitsizlik rüzgarları esmeye başlar. Böyle zamanlarda lider ebeveyne düşen, hemen tekrar motivasyon tetikleyicilerini devreye sokabilmektir. Anne babanın, her ferdin motivasyonunu sürekli ayakta tutma becerisine sahip olmaları gerekmektedir.

5. Sütun; İlgi

Lider, etkileme alanındaki sistemin bütün fertlerini ilgisi ile kuşatır. Her anlarını takip eder Ailede de anne baba; tek tek çocuklarının, kişilik yapılarına, davranış kalıplarına göre her birine özel bir sistem uygulamalıdırlar Tek tek geliştirip, her birinin ilerleyişini ona özel olarak takip etmelidirler.

6. Sütun; Hizmet

Liderliğin özünde, "ekibine hizmet etme" ruhu vardır. Lider, kendisi sistemden uzakta bir yerde, emreden kişi değil, bizzat her çabanın içerisinde emeğiyle var olandır Ailede de anne baba, aile vizyonu için aile fertleri ile canla başla çalışmalıdırlar

Bu 6 sütun üzerine kurulacak olan bir liderlik modeliyle, anne ve babalar, aile saraylarını en güzel şekilde inşa edebilirler

EŞİNİZLE MUTLU OLMAK İÇİN BUNLARI YAPIN

1. Tebessüm gösterin

Evliliklerde en çok yaşanan sıkıntıların başında eşlerin bir birlerine karşı asık suratlı ve somurtkan bir tavır sergilemeleridir. Asık bir surat, baskılanmış öfke ve sıkıntıların su yüzüne çıkmasına yardımcı olur Asık bir surat negatif enerji yayar. Evinizi soğuk bir ortama çevirir. Halbuki güleryüz ve tebessüm, muhabbetin kaynağıdır. Muhabbet, bizi mutlu edecek yegâne ilaçtır. Eşinize karşı tebessüm göstermek zor olmasa gerek...

2. Eşinizin ellerinden tutun

El ele tutuşmanın stresi azalttığını biliyor muydunuz? ABD'de evli çiftler üzerinde yapılan bir araştırmada eşlerin birbirlerinin ellerini tutmasının sinirlerin fark edilir bir şekilde gevşemesine sebep olduğu görülmüş. Siz de eşinizin elini tutun. Duygularınızın daha rahat ortaya çıktığını göreceksiniz.

3. Sevdiğinizi sözle ifade edin

Sevgiyi ifade etmek kadınlara oranla erkekler için çok daha zordur. Erkekler sevdiklerini söylemezler. Hanımlar da genelde bundan şikayet eder. Halbuki biz Müslümanlara Peygamber Efendimiz'in (sas), "Mü'min, mü'min kardeşini sevdiğini söylesin." tavsiyesi vardır. Müslümanlara söylememiz gereken sözleri eşimizden niye esirgeyelim ki? Sevdiğinizi söylemek erkeklere bir şey kaybettirmez...

4. Birlikte dua edin

Eşinizle oturun ve ellerinizi açın, birbiriniz için sesli dua edin. İçinizden geldiği gibi sözcükleri sıralayın. Dua etmek istediğinizden emin değil misiniz? O zaman bunun yerine sahip olduğunuz nimetleri saymayı deneyin. Her gün başınıza gelen üç iyi (büyük ya da küçük) şeyi yazın ve "Bu iyi şey neden gerçekleşti?" diye sorun. Araştırmalar bunu yapanların üç ay sonra ciddi derecede daha mutlu hale geldiklerini gösteriyor. 30 yıl boyunca duanın gücünü araştıran Harvard'lı bilim adamı Dr. Herbert Benson, bütün dua etme biçimlerinin stresi yatıştırdığını, bedeni sakinleştirdiğini ve şifalı bir gevşeme tepkisi uyandırdığını söylüyor (Ömrünüzü Uzatın, Sally Brown Optimist)

5. Eve gelir gelmez pijamalarınızı giymeyin

İnsanlar, işe ya da bir gezmeye giderken güzel giyiniyor ve süsleniyor. Ama eve gelince hemen rahatlamayı düşünüyor, pijamalarını giyip öyle oturuyor Bazı eşler neredeyse uzun süre birbirlerini iyi giyimli görmüyor. Eşler, işleri, dostları için giyindikleri, süslendikleri kadar eşleri için giyinip-süslenmiyor. Erkekler, eve gelir-gelmez pijamalarınızı giymeyin. Hanımlar, eşinizin geleceği saatte siz de neden güzel giyinmiyorsunuz?

6. Bayanların doğum gününü, evlilik yıldönümünü unutmayın

Hanımlar, evlilik yıldönümü, doğum günü gibi özel günlerde çok hassastır. Hatta ilk tanıştığınız günü, nişan gününü, evlilik kararını aldığınız günü bile sorabilir Erkekler genelde özel günleri unutmaya meyillidir. Siz en azından doğum ve evlilik yıldönümünü unutmayın.

7. Sevgi notları bırakın

Eşinizin görebileceği yerlere sevgi notları bırakın. Evde minik kâğıtlara minik sözler yazıp kimsenin ulaşamayacağı (size özel yerler olursa iyi olur) yerlere bu mesajları bırakın. Sevginizi ifade etmek, bu duygunun beslenmesine vesile olacaktır.

8. Gezmeye gidiyormuş gibi giyinin, evde oturun

Eşlerin iyi giyinmesi, süslenmesi ve birbirlerine değer verdiklerini hissettirmeleri çok önemlidir. Ama bugün bu ters işliyor. İş ve arkadaşlar için iyi giyinilirken, eşler birbirlerine bu yönde değer vermezler. Siz de haftada bir gün güzelce giyinin; ama dışarı çıkmayın, evde baş başa vakit geçirin.

9. Emir kipiyle değil rica kipiyle konuşun

Emretmek, bütün konuşmalarda emredici bir üslup kullanmak hitap ettiğimiz kişiyi rencide eder. Bu, eşimizse daha da üzücü olur. Emir kipiyle konuşmak yerine, rica etmeyi denemek size ağır gelmemeli. Bu bizden bir şeyleri alıp götürmez.

Bilakis bize daha da saygınlık kazandırır Üstelik eşimizin bizim gerçekten hayat ortağımız olduğunu göstermiş oluruz.

10. Sabah kahvaltılarını beraber yapın

Evlilik hayatında eşler arasına iş ve çocuklar girdiğinde karı-kocanın görüşmeleri bile neredeyse asgariye iner. Siz bunun için ailenizin birlikte olduğu zaman dilimlerini iyi değerlendirin. Bu zaman dilimlerinden biri de sabah kahvaltılarıdır Uyku mahmurluğunu yenip, eşinizle biraz da erken kalkıp kahvaltıda muhabbet etme fırsatı bulabilirsiniz.

11. Dışarıda baş başa yemek yiyin:

"aynısı evde daha az maliyetli olur" diye düşünmeyin
Özellikle çocuk sahibi olan çiftlerin en önemli sorunlarından biri, kendilerine vakit ayıramamalarıdır Bütün gün çocukla işle uğraşmak anne ve babayı yorar. Bir saat de olsa çocukları bir yakınınıza emanet edip, eşinizle dışarıda yemek yemek size güç katacaktır. Aslında ihtiyacınız olan, dışarıda yemek yemek değildir. Ama bu size farklı bir ortamda, yalnız konuşabilme, birbirinize vakit ayırma fırsatı verecektir.

12. Eşinizi kapıdan duayla uğurlayın

Özellikle ev hanımları sabah erken kalkmada zorluk

yaşıyor ve eşlerini göndermeyi bir vazife addetmiyorsa, bunu bir daha düşünmeliler. Eşinizi kapıdan uğurlamak onun kalbinin bir yarısını evde bırakmasına vesile olurHele eşinize, "Biz açlığa dayanırız; ama ateşe dayanamayız. Bize helal rızık getir. Allah işini rast getirsin..." demek onu helal kazanca motive eder.

13. Eşinizin ailesine muhabbetle davranın

Eşlerin birbirlerinin aile yakınlarına söyledikleri hoş olmayan sözler, eşlerin duygularını da etkiler. Sizin hanımınızın amcasına ya da hanımınızın sizin ablanıza ima yollu da olsa söyleyeceği sözler, eşlerin kalplerindeki muhabbeti sarsar. Siz sevginize, başkaları yüzünden zarar vermeyin. Eşinizin ailesine gösterdiğiniz muhabbet, eşinizin size göstereceği muhabbeti de artıracaktır

14. Hitap ederken güzel sözler kullanın

Eşlerin birbirleri hakkında ima edici, itham edici, yargılayıcı, denetleyici sözler sarf etmesi ve bunun davranışlarla da yapılması hep olumsuz sonuçlar doğurur. Eşlerin birbirine güvenini silip atar. Evlilikte güven kalktığı zaman da huzursuzluk başlar. İtham edici tavırlar, "sen bana göre değilsin" mesajı verir. Bu tavırlar sevgiyi öldürür.

EVLİLİKTE PROBLEM ÇÖZME

Her evlilikte birtakım sıkıntılar yaşanabilir.

Eşlerin birbirlerini tanımaları ve uyum sağlamaları esnasında bazı pürüzler olabilir. Sevginin yıpranmaması ve mutluluğun zedelenmemesi için dikkat edilmesi gereken husus; bu sıkıntıları probleme dönüştürmeden aşmaktır

1) Problem kitabı değil, çözüm anahtarı olun

Evlilikteki problemi çözmenin tek yolu problem çıkarmamaktır. Çünkü problem kitabının olmadığı yerde çözüm kitapçığı da olmaz. Ancak insan iradesi olmadan çıkan problem karşısında çözüme odaklanmak, problem kitabı olmak yerine cevap anahtarı olmak gerek.

2) Çözüme harcayacağınız enerjiyi panikle tüketmeyin

Problem karşısında problemi çözmeye harcayacağınız enerjiyi panikle tüketmeyin. Tıpkı düşman askeri gelmeden düşmana saldırıp mermisini tüketen asker gibi olmayın. Su-i zanlarla ve "ben öyle tahmin etmiştim. Eee, ben şöyle sanmıştım" cümleleriyle anlayıp dinlemeden hareket etmeyin. Problem yokken problem varmış gibi davranmayın. Unutmayın ki, tahrip kolay, tamir zordur. Bir sözle eşinizin kalp sarayını yıkabilirsiniz. Fakat bin sözle tamir edemezsiniz.

3) 'Keşke' dememeye çalışın

Sürekli yanlış yapıp, problem çıkararak eşinizi canından bezdirmeyin. "Artık canıma yetti senin kaprislerini çekemeyeceğim" dedirterek sevgisini kaybetmeyin. "Keşke şunu yapmasaydım, keşke bunu söylemeseydim. Keşke şimdiki aklım olsaydı" vb. sözleri söylemek zorunda kalmayın. Çünkü sevgi güneş gibidir. Siz gönül pencerelerinizi sonuna kadar açarsanız o güneş içeriye bol bol girer. Pencerelerinizi sıkı sıkıya kapatırsanız yol bulup içeriye giremez. "Benim güneşim bir yolunu bulup girer" demeyin. Sonuna kadar açık olan gönül pencerelerinden birine kayabileceğini göz önünde tutun.

4) 'Ama' silahından uzak durun

Hata yapmayan bir melek gibi davranmayın. Hep kendinizi müdafaa etmeyin. Eşiniz "şunu neden şöyle yaptın?" dediği zaman "ama" silahına sarılmayın.Ya da sürekli "ama ben öyle söylememiştim. Ama, ama" diye "ama" silahının arkasına gizlenerek eşinize ateş etmeyin. Karşınızda ateş edecek düşman değil, sevgisini kazanmanız gereken dostunuz var. Unutmayın "dostun attığı gül" düşmanın attığı silahtan daha çok yaralar.

5) Kendinizi polis hafiyesi sanmayın

Kimi eşler, eşlerinin yanlışlarını yüzlerine karşı dobra dobra söylerler. Kendilerini eşlerinin yanlışlarını araştırmakla görevli polis hafiyesi gibi görürler. Sebebi sorulduğunda "ben doğruyu söylüyorum. Onun yanlışını gösteriyorum. Onun iyiliğini düşünüyorum" diyerek kendilerini müdafaa ederler. Halbuki, her doğru her yerde söylenmez. Her doğruyu söylemek insanın görevi değildir. Bir lokma ekmek bile çiğnenmeden yutulmaz. Önce ağızda çiğnenir, mide özsuyuyla parçalanır. Sonra ince bağırsakta süzülür. Şayet çiğnenmeden yutulursa ya boğaza oturur ya da mideye.

6) İnatlaşmayın

Kimi eşler evlilikte çıkan problemlerde bir türlü çözüme yanaşmaz, inatlaşırlar. "Böyle yapayım da bu ona ders olsun" havasına girerler. Acaba hangi öğrenci "ben bu problemi çözmeyeyim de öğretmene ders olsun" diyebilir? Bu düşünceyle öğretmenle inatlaşarak "ben bu problemi çözmem" diyen öğrenci sınıfta kalmaya mahkûmdur

7) Kindar olmayın

Problemlerin çözümünde kilit nokta kindarlıktır. Eşler arasında bir sıkıntı yaşanmış geçmiştir Eşlerden birisi olayı unuturken diğeri günlerce "neden sen bana öyle söyledin? Neden şöyle davrandın? Niye bana hakaret ettin?" vb. sözlerle olayı günlerce gündemde tutarlar. Halbuki evlilikte problem olduğu zaman "şu an matematik dersindeyiz. Önümüzde bir problem var. Bunu çözmeliyiz" diyerek problem çözülmeli. Sonra da "zil çaldı ve matematik dersi bitti" diyerek matematik dersinden çıkılmalıdır

8) Affedici olun

İnsan olmak hasebiyle eşiniz hata yapabilir. Sonra bunun farkına varıp özür dileyebilir. Affedici olun "Neden öyle yaptın?" vb. sözlerle hesaba çekmeyin. Kim affedici olursa o daima kazanır. Nitekim ayette de:

"Bir hayrı açıklar veya gizlerseniz yahut bir kötülüğü affederseniz (bilin ki), Allah da çok affedicidir, her şeye hakkıyla gücü yetendir." (4.149) buyruluyor.

Evliliği çözüm bekleyen problem değil, yaşanması gereken mutluluk olarak görün

Yüzünüzde tebessüm gülleri açsın...Lisan-ı haliniz mutluluğun şarkısını mırıldansın. Mutluluk tülleri evinizin her yanını sarsın. Eviniz saadet sarayı, siz iyilik perisi eşiniz de o sarayın sevgili prensi olsun.

EVLİLİKTE ANLAYIŞ

Çok başım ağrıyor" dedi kadın telefonla...
"Bir hap al geçer" diye cevapladı eşi.
"Geçmek bilmiyor öleceğimi hissediyorum."

"Biraz dinlen, bir şeyin kalmaz."
"Vaziyetim kötü, bildiğin gibi değil, anlamıyorsun?
Lütfen beni doktora götürür müsün?"
"Bu iş saatinde nasıl izin alabilirim? Bitmesi gereken öyle çok iş var ki!.."

Çoğu eşler arasında yaşanır bu tür konuşmalar. Eşler çoğu kez, birbirlerini ya anlamaz, ya anlamak istemez, ya da yanlış anlar.

Kimi zaman da birbirlerini suçlayarak tartışırlar. Birisi, "eşim beni ciddiye almıyor" der. Diğeri ise kimi zaman bunun farkına bile varmaz.

Bazen eşlerden birisi çok alıngan olur. Her sözden bir mana çıkararak eşini suçlar. Özellikle kendine güven duygusu olmayan eşler, normal konuşmalardan bile anlam çıkarırlar.

Hanım "ay bu domatesler çürük" dese eşi, "Ben aldım ya kötü olur. Zaten sen benim aldığım hiçbir şeyi beğenmezsin!" cevabını verir.

Veya "Bu yemek tuzsuz olmuş" diyen beye, hanım, "Sen de benim yaptığım hiçbir şeyi beğenmezsin. Ben hiçbir şeyi başaramam" sözleriyle işi tartışmaya kadar götürür.

Genelde tartışmalar basit şeylerden çıkar. Tartışma bittiğinde ise eşler niçin tartıştıklarını bile unuturlar

Eşler birbirlerinin hatalarına gözlerini yumup, kulaklarını tıkamalı.. Ama birbirini anlamak için gözlerini dört açıp, kulaklarını kabartmalıdırlar

Çünkü bu tür problemlerin çözümü 'sen beni anlamıyor, anlamak istemiyorsun" şeklindeki suçlamalardan değil, diyalogdan geçer. Aralarında iyi bir diyalog kurup konuşmayı başaramayan eşler, davranışlarını kötüye yormaya başlar, sonra da bunu kötü davranış takip eder. Bu yoldan gitmeye devam ettikleri takdirde varacakları yer elbette anlaşmazlık durağı olur.

Olumsuzluklara son vermek için:

* Eşler, aralarında kopmuş olan, ya da yeterince olmayan diyaloğu geliştirmelidir.

* Eşler, birbirlerinin söz ve davranışları arkasındaki sebebi araştırmadan hemen karşılık vermeye kalkışmamalıdır

* Sözleri iyi tahlil etmeli, yanlış anlayıp birbirlerini hırpaladıktan sonra özür dilemek zorunda kalmamalı.

* Karşı tarafı suçlamak, ya da bir suçlu icat etmek yerine -şayet varsa- suçu ortadan kaldırmanın yolları aranmamalıdır

* Fazla alıngan olmamalı. Her sözden, her davranıştan kötü bir mana çıkarmamalıdır Bazen eşlerden birinin kazara sarf ettiği bir söz, silah olarak kullanılıp diğer eş yaylım ateşine tutulmamalıdır Bilhassa "filan zaman sen şöyle demiştin" diyerek cerbeze yoluna gidilmemelidir.

* Hiçbir eş buz üstünde düşme korkusuyla yürüyen, ya da tepesinde kristal bardaklar taşıyan gibi olmak istemez.

Özetle, eşinizin söz ve davranışlarını yargılamakta acele etmeyin ki, Rabb'imizin "Halim" ismi üzerinizde tecelli etsin.

BİR KADIN VE BİR ANNE OLARAK HZ FATMA(RA)

İnsanlığın en çok ihtiyaç duyduğu şey model insan ve örnek hayatlardır. Allah Resûlü'nün (s.a.v.) evinde, dizinin dibinde yetişmiş sevgili kızı Hz. Fatıma'nın örnek hayatı, ailenin temel direği, geleceğin mimarı ve çocuklarımızın ilk eğitimcisi olan annelerin ihtiyaç duyduğu hayattır. Hz. Fatıma'nın yaşamı günümüz kadınlarına, evlat, eş ve özellikle anne olarak ailevî ve sosyal hayatlarında ideal bir mümin portresi çizmektedir.

Kadınlık âleminin en parlak yıldızı, her yönü ile yolumuzu aydınlatan hanımlar sultanı Hz. Fatımatü'z-Zehra, Hz.Ali ile yaptığı güzel evlilikten yaklaşık bir yıl sonra, hicretin üçüncü yılı, Ramazan ayında dünya tatlısı bir evlada sahip oldu. Hz. Hasan'ın doğumu, aile özellikle Hz. Fatıma için çok güzel ve özel bir başlangıç oldu. Artık o bir anneydi. Bu bambaşka bir duyguydu. Onun bu duygusunu diğer annelik duygularından ayıran önemli ve özel kılan bir yanı vardı. Bu, Hz. Fatıma'nın Allah Resûlü'nün (s.a.v.) soyunu devam ettiren neslin annesi olmasıydı.

Gerek Allah Resûlü'nün (s.a.v.) gerekse diğer kızlarının erkek çocukları vefat etmiş, Efendiler Efendisi'nin soyunu Hz. Hasan ve Hz. Hüseyin devam ettirmiştir. Allah Resûlü (s.a.v.) bu gerçeği şu hadis-i şerifleri ile dile getirmiştir. "Her insanın soyu, erkek çocuğu vasıtası ile devam eder Benimki müstesna. Benim soyum Fatıma ile devam edecektir. Ben onların babasıyım."

Zor şartlara rağmen annelik:

Hz. Fatıma, çok zor olan hayat şartlarına rağmen Allah Resûlü'ne (s.a.v.) hizmeti ihmal etmeden çocuklarına gözü gibi bakar, onlara çok güzel annelik yapardı. Ancak ömrü vefa etmediğinden anneliği çok uzun sürmedi. İlahî hikmet gereği çocukları henüz çok küçükken onlardan ayrılarak Dâr-ı Bekâ'ya göçtü. Vefat ettiğinde, çocuklarının en küçüğü 2-3, en büyüğü 7-8 yaşlarındaydı. Buna rağmen Allah Resûlü'nün (s.a.v.) dikkat çekecek kadar çok sevdiği torunları Hz. Hasan ve Hüseyin'in anne ve dedelerin çocuklarla olan ilişkiler noktasında bizi aydınlatan pek çok anısı oldu. İşte bu anılardan yalnızca bir kaçı:

Ebû Hüreyre (r.a.) anlatıyor:

"Bir gün Allah Resûlü (a.s.m.) ve bir grup sahabe ile birlikte aramızda hiçbir konuşma olmadan sessizce yürüyorduk. Allah Resûlü (s.a.v.) gruptan ayrılarak Fatıma'nın evine gitti. O sırada Fatıma çocukları ile meşguldü. Onları güzelce yıkayıp, güzel elbiseler giydiriyor, kokular sürerek takılar takıyordu. Bizi görünce Hüseyin koşup Allah Resûlü'nün (s.a.v.) yanına geldi ancak annesinin Hasan ile henüz işi bitmediğinden yanımıza gelmemişti. Allah Resûlü (s.a.v.) onu ortada göremeyince:

– Çocuk orada mı? Çocuk orada mı, diye telaşla seslendi.

Biraz sonra Hasan da koşarak yanımıza geldi. Kardeşine muhabbetle sarıldı. Allah Resûlü (s.a.v) onları bu halde görünce çok sevindi ve:

– Allahım! Ben onları seviyorum. Sen de onları sev Onları sevenleri de sev, buyurdu."

Bu dualarda ifadesini bulan Ehl-i Beyt sevgisinin Peygamber sevgisi ve dolayısıyla Allah sevgisine vesile olacağına inanan müminler, bu sevgiye özel bir önem vermişlerdir.

Ben çocuğa bakayım sen unu öğüt

Hz. Fatıma, ağır hayat şartları içinde çocukları fazlalaştıkça işlere yetişmekte zorlanmaya başladı. Onun yaşadıkları bu zorluklar tatlı birer anı olarak bize kadar geldi.

Bilal-i Habeşî (r.a) anlatıyor:

Bir gün Hz. Fatıma'nın yanına uğradım. Değirmende un öğütüyordu. O un öğütürken oğlu Hüseyin bir tarafta ağlıyordu. Tam da namaz vaktinin geldiği bir zamandı. Mescide gidemedim. Fatıma'ya:

– İstersen unu ben öğüteyim sen çocuğa bak, istersen sen unu öğütünceye kadar ben çocuğa bakayım, dedim. Fatıma:

– Ben çocuğa bakayım sen unu öğüt, dedi.

Kalan unu öğüttükten sonra Allah Resulü'nün (s.a.v.) yanına gittim. Gecikmiştim,

– Nerede kaldın ey Bilal! diye sordu. Ben:

– Fatıma'ya uğradım. Yardıma ihtiyacı vardı. Onun un

öğütmesine yardım ettim, dedim. Allah Resulü (s.a.v) buna çok sevindi ve:

— Ona merhamet ettiğin için Allah da sana merhamet etsin, diye bana dua buyurdu."

Hz. Fatıma Annemizin peş peşe beş çocuğu olmuştu. Çocukların birbirine yakın zamanlarda doğması, onun işlerini daha da zorlaştırdı. Bir yaşından beş yaşına kadar tam beş çocuğa aynı anda bakıp bir de o günkü şartlarda ev işlerini yapmak, gerçekten altından kalkılacak gibi değildi. İşlerin yoğunluğundan bazen istenmeyen durumlarla karşılaşıyordu.

Hz. Ali (r.a) anlatıyor:

"Fatıma'nın hamile olduğu bir gün, ekmek pişirirken karnı tandırın keskin tarafına değdi. Çok korktuk. Ben Fatıma'ya:

— Allah Resulü'ne (s.a.v.) gidip ondan bir hizmetçi iste! dedim."

Hz. Fatıma eşini dinleyerek Efendimizden bir hizmetli istedi. Kızı Fatıma'nın artık ev işlerini yapmakta çok zor landığının farkında olan Efendimiz, kızına yardımcı olması için bir yardımcıyı gönderdi.

Hz. Ali efendimiz anlatıyor:

"Allah Resulü (s.a.v.) kızı Fatıma'ya, ona hizmet etmesi için Fidde en-Nevbiyye isimli bir cariye gönderdi. Cariye çok becerikli bir hanımdı. Allah Resulü (s.a.v.) ona sıkıştığında ve zorda kaldığında okuması için bir de dua öğretti. Cariye, Fatıma'nın yanına gelince, Fatıma ona iş bölümü yapmayı tek lif ederek:

— Hamur yapmak mı istersin, yoksa ekmek pişirmek mi,

diye sordu. Cariye:
- Ben hamur yapmayı tercih ederim, efendim! dedi.
Bundan sonra ocağı yakmak için odun toplamaya gitti."

Eşinin arzusu dışında hareket etmedi

Her çocuk gibi bir gün Hz. Hasan ile Hüseyin hastalanmıştı. Hz. Ali, Hz. Fatıma ve cariyeleri:
- Çocuklar iyileşirse, Rabbimize şükretmek için üç gün oruç tutacağız, diye nezrettiler. Çocukların ikisi de kısa zamanda iyileşti. Hz. Fatıma, eşi ve hizmetlisi oruç tutmaya niyet ettiler ama evde iftar için yiyecek hiç bir şey yoktu. Hz. Ali ücretini daha sonra ödemek üzere bir miktar arpa satın aldı. Hz. Fatıma arpanın bir kısmı ile evde bulunan herkese birer çörek pişirdi. Hz. Ali akşam namazından sonra iftar etmek için evine geldiğinde Hz. Fatıma sofrayı kurdu. Sofrada ekmek, biraz hububat ve biraz da tuz vardı. Tam yemeğe başlayacaklardı ki kapıya bir fakir geldi ve seslendi:
- Selamun aleyküm ey Ehl-i Beyt! Ben ümmeti Muhammed'in miskinlerinden biriyim. Gerçekten çok açım. Karnımı doyuracak bir şeyler verir misiniz? Beni burada doyururun ki Allah'ta sizi vaad ettiği cennette doyursun!

Hz. Ali adamın sesini duyunca eşine:
Fazilet ve yakîn sahibi Fatıma!
Ey bütün insanlığın hayırlısının kızı!
Şu ihtiyaç sahibi miskini gördün mü?
Kapımıza gelmiş, açlıktan kıvranıyor

Hâlini Allah'a arz ederek, miskinlikten kurtulmak istiyor...

Hz. Fatma eşine cevap verdi:

Emrin başım üzerine ey amcaoğlu!

Bunun için seni ne kınar, ne de kayıp sayarım.

Yaptığım çörekleri ona veririm... diyerek eşi ve kendi payını gelen miskine verdi. O gün iftarlarını su ile açtılar Ertesi gün yine oruç tuttular. Hz. Fatıma yine bir miktar arpadan çörek yapmıştı. Hz. Ali gelince, iftar sofrasını hazırladı. Yemeğe başlayacakları sırada kapıya bir yetim geldi. İçerdekilere seslenerek:

- Ey Muhammed'in ev halkı! Ben muhacirler çocuğuyum. Babam şehit oldu. Beni doyurun ki Allah'ta vaad ettiği cennette sizi doyursun.

Yetimin sesini duyan Hz. Ali kendi ve eşinin çöreklerini gelen yetime verince o gün de su ile iftar ettiler. Üçüncü gün yine oruç tuttular. Akşam sofra kuruldu. Bu kez kapıya Medine'de bulunan esirlerden biri geldi. Aç olduğunu söyleyerek yiyecek istedi. Sofradan çörekleri alan Hz. Ali çöreklerini esire verdi.

Üç gündür hiçbir şey yemeyip yalnızca su ile iftarını açan Hz. Ali, adağının zamanı dolunca dördüncü gün, Hz. Hasan ile Hüseyin'in elinden tutarak Allah Resûlü'nün (s.a.v.) yanına gitti. Açlıktan rengi solmuş, bitkin düşmüştü. Allah Resûlü (s.a.v.) onu bu hâlde görünce:

- Ey Hasan'ın babası, bu ne hâl! Haydi, kızım Fatıma'nın yanına gidelim! buyurdu.

Eve gittiklerinde Hz. Fatıma'nın da bitkin düştüğünü, karnının sırtına yapıştığını gördüAçlığın şiddetinden gözleri kararıyordu. Allah Resûlü (s.a.v.) onların açlıktan bu hâle geldiğini öğrenince gözyaşlarını tutamadı. Ellerini açarak Rabbinden yardım istedi:

- Rabbim, Muhammed'in Ehl-i Beyti açlıktan ölüyor! diyerek yalvardı. O sırada Cebrâil (a.s) gelerek:

- Allah size selam gönderdi ey Muhammed! Ehl-i Beytini kutla! Onlara şu ayeti oku:

"... O kullar, şiddeti her yere yayılmış olan bir günden korkarak verdikleri sözü yerine getirirler. Onlar, kendi canları çekmesine rağmen yemeği yoksula, yetime ve esire yedirdiler. 'Biz sizi Allah rızası için doyuruyoruz; sizden ne bir karşılık ne de bir teşekkür bekliyoruz.' (derler)." buyurdu.

Hz. Fatıma Annemizin Hz. Hasan Hz. Hüseyin'den başka üç çocuğu daha oldu. Peş peşe olan bu çocuklar: Muhsin, Ümmü Gülsüm ve Zeyneb'di. Bunlardan Muhsin fazla yaşamayıp küçük yaşta vefat etti. Hayatında anne, kardeş acısı tadan Hz. Fatıma Muhsin'in vefatıyla evlat acısını tattı.

Küçük Muhsin hastalanmış ve her geçen gün hastalığı biraz daha artıyordu. Allah Resûlü (s.a.v.) onu sık sık ziyaret ediyor durumunu soruyor, hastalığına çare arıyordu. Ancak çare yoktu. Oğlunun hastalığı artınca Hz. Fatıma, Efendimize haber göndererek evine çağırdı. Peygamber Efendimiz (s.a.v.) sahabileriyle birlikte Hz. Fatıma'nın evine gitti. Kızını teselli ederek, evlat acısını dindirmeye çalıştı.

– Allah'ın verdiği ve aldığı her şey Allah'a aittir. Her canlının bir ömrü vardır Sabret! Ve ecrini Allah'tan bekle, buyurdu.

Ey Cennet Hanımlarının Seyyidesi! Binlerce dua ve selam sana...

KARŞILIKLI SAYGI

Eşlerin, karşılıklı olarak, birbirlerinin haklarını bilmesi, ailedeki dengenin daha iyi korunmasını sağlayan en önemli sebeplerden birisidir.

Çoğu zaman insanlar, karşı tarafın haklarını bilmedikleri için doğru bir şekilde görevlerini yerine getirmiyorlar. Bu nedenle hakların bilinmesi çok önemli olduğu gibi bu hakların uygulanması için de ilk adımdır

Bir araya gelen her iki insanın bu birliktelikle birlikte kaçınılmaz olarak bazı hakları da doğar Bu haklar bilinip uygulandığında ise hiçbir sorun yaşanmaz. İki veya daha fazla kişiden oluşan bir aile için de aynı kural geçerlidir, bir çatı altında yaşayan aile bireyleri, birbirilerine karşı olan hakları iyice bildikten sonra aile içindeki sürtüşmeler de önemli ölçüde azalacaktır.

Kadının, kocasına karşı itaatkâr sabırlı, vefalı ve güzel huylu olması gerektiği gibi erkeğin de eşine karşı sabırlı, iyi huylu, saygılı ve sorumlu olması gerekiyor

Aile haklarının uygulanması için bu hakların bilinmesi ve karşılıklı olarak uygulanması kaçınılmaz bir gerçektir Bu aşamalar uygulandığında ise artık kavgaların tamamıyla silinıp gittiğini sürtüşmelerin son bulduğunu ve ayrılık rüzgârlarının esmediğini görebiliriz. Ancak böyle bir ailede, hukuk sisteminin kusursuz işlediğini iddia edebiliriz.

Karşılıklı saygı, bu ailenin başarı sırrıdırkendi haklarının çiğnenmediğini gören bir erkek, ister istemez eşine karşı duyarlı olacaktır, kendisine karşı gelinmediğini, saygı gördüğünü ve zorlu anlarda sorunlarının eşi tarafından paylaşıldığını gören bir erkek, eşinin bu duyarlılığına karşı duyarsız kalamaz. Ama sürekli kocası tarafından aşağılanan, hatta şiddete maruz kalan ve bütün haklarının ayakaltına alındığını gören bir kadından da, fazla bir şey bekleyemeyiz.

Erkeğin kadın üzerindeki haklarından bahseden bir hadis, şöyle buyuruyor: Kadın, kocasına itaat etsin, onun rızası dışına çıkmasın, ona karşı teslim olsun, kocasını incitmesin, onu üzmesin ve evde hizmet etsin, kocasına baksın ve onun rızasını kazanmaya çalışsın. Evde ışık yaksın, yemek pişirsin ve evi güzelleştirsin. Kocası eve geldiğinde ise onu karşılasın, evden çıktığında ise onu uğurlasın, kendisini kocasından başkası için süslemesin ve kocasının izni dışında onun malını harcamasın. Erkek ise evin gerekli malzemelerini, yiyecek, içecek, giysi ve bir ev hazırlamak zorundadır Kendi kapasitesince ailesini rahat yaşatsın ve eşine karşı saygılı olsun, onu incitmesin ve ona el kaldırmasın. Eşi için kendisini temiz tutsun ve vaktinin bir bölümünü ailesi için ayırsın. Güzel bir dille ailesiyle konuşsun ve onların hatalarına karşı sabırlı olsun...

İslam'ın çizdiği bu aile tablosundan daha mutlu bir aile ola bilir mi? Herkesin birbirine karşı saygılı olduğu, birbirini mutlu etmeğe çalıştığı bir aileden daha güzel bir aile olabilir mi?

Peygamber efendimiz (sav) şöyle buyuruyor: En iyiniz, ailesine karşı daha iyi huylu olanınızdır Ben, içinizdeki, ailesine karşı en iyi olanım.

Hadis kaynaklarında, kadınların kocalarına karşı sevgi dolu

ve onların gözünü, kulağını doyuracak şekilde güzel sözlü olmaları gerektiği tavsiye edildiği gibi erkeklerin de evin dışında bakışlarının sınırına dikkat etmesi gerektiği, başkalarının namusuna göz dikmemeleri gerektiği ve eşlerinin fiziki ihtiyaçlarının yanı sıra onların psikolojik ihtiyaçlarını da gidermeleri gerektiği tavsiye edilmiştir.

Peygamber efendimizin eşleri, kuranın tavsiyesine uyarak peygamberle birlikte aynı çatı altında yaşamak pahasına maddi sıkıntılarla çevrili bir hayatı seçtilerse de peygamber efendimiz buna karşılık ev işlerinde onlara yardım ederek, hazırladıkları bütün yemekleri zevkle yiyerek ve hiçbir şikâyette bulunmayarak eşlerinin bu seçimlerine saygı gösteriyordu.

EVLİLİK HAYATINDA
MUTLU OLMANIN SIRLARI

1. İnsanın hayatta başarılı olabilmesinin ilk şartı, pozitif bir bakış açısına ve semavî bir basirete sahip olmasıdır; yaratılış âleminin gerçek ve güzel yüzünü görebilmesidir. Bu İlâhî nimetten nasiplenmiş olanlar, hayatlarını bir "gezi ve güzel vakit geçirme sahili" veya bir "oyun ve eğlence meydanı" olarak görürler ve bu geçici günlerde boş bir telâşa kapılmazlar. Hz. Fatıma (s.a.), dokuz yaşında kocası Hz.Ali'nin (a.s.) evine ayak bastığı gün, gözü yaşlı ve kaygılı bir hâlde kocasına dönerek şöyle dedi: "Kendi ahvalim hakkında düşündüm de ömrümün sona erip kabir evine intikal edeceğim günü hatırladım. Bugün baba evinden koca evine taşındım, yarın

buradan kabir evine taşınacağım. Gel yeni hayatımızın bu ilk anlarında birlikte namaza duralım ve bu geceyi Allah'a ibadet ile geçirelim..." Evet; hayat hakkında böyle bir bakış açısına sahip oldukları içindir ki bu başarılı çift, tarih boyunca bütün Müslümanlara örnek olmuşlardır.

2. Eşinize karşı dürüst ve samimî olun. "Hayatta başarılı olmanın en büyük sırrı, dürüstlüktür" demişlerdir. Elbette bazen, özellikle de eşinize karşı olumsuz duygular taşıdığınız zaman, dürüst ve samimî davranmanız çok güç olabilir. Ancak yine de azarlama ve nefret etme yerine eşinize karşı dürüst ve samimî olmaya çalışın. Çünkü bu şekilde davranmanız, onu sizi dinlemeye, sizi anlamaya ve size karşı sorumluluk hissetmeye sevk eder. Davranış değişiklikleri, düşünce değişikliklerine yola açabilir. Unutmayın ki eşinizle samimîce konuşmanız, aranızdaki itişmeyi azaltır ve sorunlarınızı sakin bir ortamda tartışıp çözüm bulmanıza yardımcı olur

3. Örnek alınacak bir davranış sergileyin. Eşinize karşı, size davranılmasını istediğiniz gibi davranın. Eğer eşinizin size karşı saygılı ve sabırlı olmasını, sizine yardım etmesini, size sevgi ve ilgi göstermesini ve sizi savunmasını istiyorsanız, sizin de ona karşı öyle olmanız gerekmektedir. Böylece eşinizde kendinize karşı iyi bir intiba bırakmış olursunuz.

4. Eşinizin yanlış ve olumsuz bir davranışı karşısında yalnızca o davranışını kötüleyin; onun tüm varlığını değil Aksi hâlde, eşinizin kişiliği bozulabilir, izzetinefsi zayıflayabilir ve

bu da evlilik hayatınızda sizi çok üzebilir.

5. Eşinizin iyi işleri hakkında görüş bildirin. Olumlu tepkiler ve teşvikler karşısında, erkekler ve kadınlar aynı ölçüde reaksiyon gösterirler. Eğer eşinizin sorumluca davranışlarını düzenli bir şekilde teşvik ederseniz, o da sizin isteklerinizi yerine getirmeye daha çok rağbet gösterir.

6. Bizim başkaları hakkında dile getirdiğimiz sözler, tasavvur ettiğimizden daha çok mesaj ve anlam taşır. Ses tonumuz, bakışlarımız, duruşumuz ve hatta nefes alışlarımız bile, dinleyicimizin sözlerimizi yorumlamasına yardımcı olur Bu yüzden mesajımızı iletirken bu hususlara dikkat etmeliyiz. Çünkü sözün algılanış biçimi, dakik olarak eda biçimine bağlıdır Bu nedenledir ki zaman zaman sözlerimizin yanlış anlaşılmasıyla karşılaşıyoruz. Yapılan araştırmalar, söylediğimiz sözlerin, mesajımızın sadece %7-24'ünü oluşturduğunu göstermiştir.

7. Eşinizin ruh hâlini anlamaya çalışın ve ona uygun biçimde davranın. Eşinin ruh hâllerine vâkıf olan ve çeşitli ruh hâllerinde ona karşı nasıl davranacağını bilen kimsenin şüphesiz başarılı bir hayatı olacaktır Eşinizin yüzü güldüğü, sesi sevinç zili çaldığı, hareketleri güven dolu olduğu zaman onun güzel bir gün geçirdiğini anlamalı ve diyalog ve konuşmak için iyi bir fırsat olduğunu bilmelisiniz. Tam tersine, eşinizin iyi bir ruh hâlinde olmadığını hissettiğiniz zaman moralini daha da bozmayın; hayatın zorluklarından

şikâyetçi olmayın, sizin için bir şey yapmasını istemeyin, kendisine baskı yapmayın... Böylece ilişkilerinizin zarar görmesine müsaade etmeyin.

8. Beklentilerin yerine getirilip getirilmemesinde isteyiş biçiminin önemi büyüktür. Biz bir konuyu çeşitli ibareler ve cümlelerle dile getirebiliriz. En iyi ve etkili yöntem, ifademizin emir kipi ve tonunda olmaması; cümlelerimizin sıcak ve samimî bir beyanı olmasıdır Bu durumda genellikle bir engel olmaması hâlinde karşı taraf isteklerimizi yerine getirmeye ikna olur. Şunu bilmeliyiz ki kadınlar ve erkekler aynı şekilde düşünmezler, aynı şekilde davranmazlar ve aynı reaksiyonu göstermezler. Bu nedenle de beklentilerimizle ilgili olarak cinsiyet özelliğini dikkate almanız ve eşimizden gerçek dışı veya cinsiyetine aykırı bir şey beklememeliyiz.

9. Hayatımızda bazen eşimizin şu yakınmalarıyla karşılaşabiliriz: "Sen beni hiç dinlemiyorsun." veya "Eğer beni dinleseydin ne istediğimi bilirdin." ve... Acaba bugüne kadar bu gibi yakınmalara hiç dikkat ettiniz mi? Dinlemek, insanoğlunun ihtiyaç duyduğu en zor davranışlardan biridir. Araştırmacı insanın iletişime verdiği zamanın %45'ini "dinlemek", geri kalanını ise "konuşmak", "okumak" ve "yazmak" ile geçirdiğini ispat etmişlerdir. Bununla birlikte birçok insan hâlâ "dinleme"nin bir beceri olduğunu bilmiyor, onu "işitmek"le aynı sanıyorlar. Oysa "dinlemek", dikkat gerektiren iradî bir eylemdir; fakat "işitmek", dikkat gerektirmeyen

istem dışı bir eylemdir. Buna göre, müşterek hayatın gereklerinden birinin de, "dinleme sanatı" olduğunu bilmeli ve onu öğrenmeliyiz.

10. Pireyi deve yapmayın; küçük ve önemsiz meseleleri büyütmeyin. İyimser insanlara göre pire de vardır, deve de. Kötümser insanlara göre ise sadece deve vardır. Çünkü onlar pireyi de deve görürler. Böylece küçük olayları büyütür ve onların karşısında acizlik gösterirler

11. Hayattaki zorluklar ve krizler, sizin liyakatinizin mihenk taşıdır. Krizleri aşarak liyakatinizi, ciddiyetinizi ve gücünüzü ispat ediniz.

12. Tek boyutlu düşünmekten sakının; sikkenin her iki yüzünü görmeye çalışın.

13. Bazen eşinizin kendisiyle baş başa kalmasına müsaade edin.

HANIM EFENDİNİN DİKATİNE

1- Eşinizin bir erkek olduğunu kabul edin ve erkekler dünyası hakkında daha fazla bilgi edinmeğe çalışın.

2- Eşinizin kişiliğini keşfedin ve ona saygı duyun.

3- Eşinizin kendisine özgü özelliklerini keşfedin ve bu özelliklerin değerini düşünün.

4- Eşinizin size açık olmasını istiyorsanız, onu anlamaya çalışın ve düşüncelerine saygı gösterin; söylediği sözler sizi rahatsız etse de kesinlikle ani tepkiler göstermeyin zira ani tepkileriniz size güvenmemesine sebep olacaktır.

5- Eşiniz sizinle dertleşip iç dünyasını size açtığında onun duygularına saygı gösterin ve onu incitecek davranışlardan kaçının.

6- Eşinizin sizden uzaklaşmasını istemiyorsanız, sürekli eşinizi eleştirmekten vazgeçin.

7- "Beni anlamıyorsun" "duygusuzsun" ve benzeri suçlamalardan kaçının zira erkekler, farklı şekilde algılar ve duygularını da farklı şekilde gösterirler

8- Eşinizin gerçek ihtiyaçlarını anlamaya çalışın. Uygun zamanlarda, uygun bir dille ihtiyaçlarını kendisine sorun ve dile getirdiği ihtiyaçları eleştirmeden kabul edin.

9- Eşiniz konuştuğunda ise dikkatlice onu dinleyin, onu dinlememeniz sizin sevginizin azlığını gösteriyor

10- Sizi mutlu etmek için bir şeyler yapmaya çalışıyorsa onu eleştirmeyin.

11- Onu kendi yönteminizle sevmek yerine biraz da onun istediği şekilde sevmeği deneyin.

12- Bütün yaptığınız işleri ve düşüncelerinizi beğenip alkışlamasını beklemeyin; biraz gerçekçi olun ve size ters olsa da bırakın düşüncelerini dile getirsin.

13- Eşinizin ilgisini çekmek için çok ısrarcı davranmayın, özellikle sinirli ve gergin olduğu zamanlarda sizin bu tür davranışlarınız onu daha da gerginleştirecektir.

14- Kendinizi çok hassas ve kırılgan bir kadın gibi göstermeğe çalışmayın; zira sizin bu davranışınız, eşinizin kendi içine kapanmasına ve sizi kırmak endişesiyle daha az konuşmasına sebep olacaktır, bu da aranızdaki ilişkinin zayıflamasına ve buna bağlı sorunların meydana gelmesine yol açacaktır.

15- Eşinizle olan diyaloglarınızda bulunduğunuz mevkii ve bir eş olduğunuzu unutmayın; erkekler, kendisine güvenen ve kendisine değer veren bir kadınla hayatlarını paylaşmak isterler.

16- Kendinize yeterlice güvenmediğinizi düşünüyorsanız ve sürekli eşinizin sizi onaylamasını bekliyorsanız, bir psikolog'a başvurarak çok kısa bir zamanda özgüveninizi kazanabilir ve bu bağımlılıktan kurtulabilirsiniz.

17- Eşinizin gergin anlarında ona yakınlaşmak yerine bir süre onu kendi haline bırakın ve sakinleşmesini bekleyin zira gergin anlarında erkeklere yaklaşmak, onların daha da gerginleşmesine sebep olacaktır.

18- Aile mutluluğundaki sorumluluk payınızı unutmayın ve bu sorumluluğu sadece eşinize yüklemeyin; aile mutluluğunda sadece eşini sorumlu gören kadınlar, birkaç yıl içinde stresli, gergin, kırılgan içine kapalı bir erkeği karşılarında göreceklerdir.

19- Eşinizin aile sorumluluğunu ve size olan sevgisini sorgulamayın; eşiniz, sizi sevdiğine ve ailesi için birçok zorluğa katlandığına inanıyor dolayısıyla sizin onu sogulamanız, aile mutluluğunu bozmaktan başka bir işe yaramayacaktır.

20- Birlikte yaşadığınız sorunlardaki rolünüzü gizlemeyerek, geçmişte yaptığınız yanlışlıklar ve kusurları dile getiriyorsanız, eşiniz de kendi hatalarını daha iyi benimseyecektir ve bu hataları düzeltmek için harekete geçecektir.

Bir kayınpeder, bir damat ve gelin:
Efendimiz, Hz. Ali, Hz. Fatıma

Peygamber Efendimiz, damadı Hz. Aliye evlenme giderleri, mehir ve düğün harcamaları hususunda son derecek anlayışlı davranmıştır

Bir ailenin asgari ihtiyaçları karşılanmış; yuvanın kurulmasında mütevazı bir anlayış sergilenmiştir. Bu durum ailelerin evlenecek gençlere maddi ve manevi anlamda destek olmaları ve ihtiyaçlarını karşılamaları hususunda orta bir yolu izlemeleri gerektiğini göstermektedir. Örneğin Hz. Alinin, Rasulullahın kızı Fatımaya çeyiz olarak aldığı eşyaları şu şekilde bildiriliyor: Kadife kumaş, su kabı ve kenarları süslü yastık. Ayrıca Hz. Alinin verdiği mehirlerle bir sedir, bir yün yatak, bir hurma lifi minderi, bir kilim, bir yatak örtüsü, bir su kabı, bir takım elbise alındı. (Nesai, Sünen, 81)

Bu örnekler bize maddi imkansızlıklar nedeniyle mutlu bir yuvanın kurulmasına aileler tarafından engel olunmamasını da göstermektedir. Evlilikte esas olan maddi üstünlüklere dayalı yapay mutluluklar değil; dini ve ahlakî değerlerden güç alan yaratılış, kültür, gönül ve zihin uyumunu örnek alan genç çiftlerin yuva kurmalarıdır

Resulullah, düğün gecesi Hz. Alinin kapısına gidip kapıyı çaldı. Ümmü Eymen kapıyı açtığında, Kardeşim burada mı? diye sordu. Ümmü Eymen, Nasıl olur? Hz. Aliyi hem kardeş olarak çağırıyorsun hem de kızını onunla evlendiriyorsun! dedi. Hz. Peygamber "öylediğim gibi dedi ve ardından da Esma binti Umeys de burada mı?diye sordu. Evet!dedi, Sizler Peygamberin kızına olan saygınız için mi buradasınız? buyurdu. Yine Evet! cevabını alınca, Çok iyi! dedi ve hayır duasında bulundu. Rivayet edildiğine göre Hz. Peygamber, kızı Hz. Fatıma ve damadı Hz. Ali için şöyle duada bulundu: "ALLAHım, bu ikisini herkesten daha çok seviyorum. Rabbim sen de onları sev, evlatlarını ve nesillerini mübarek ve kutlu kıl.

Kendi katından onlar için bir koruyucu tayin et. Bu ikisini ve evlatlarını şeytanın şerrinden senin korumana bırakıyorum.Ardından Hz. Fatıma için dua etmiş ve onu övücü güzel sözlerle gönlünü almıştır. Gönüller sultanı Peygamber'imiz (sas) Hz. Fatımaya, KızımALLAH senden kusur ve kiri atmış, seni temiz ve masum kılmıştır diye buyurdu. (İbn Sa'd, Tabakat, 23) Bu örnekte Hz. Peygamber'in Hz. Ali'yi gönül ve ahiret kardeşliği yakınlığıyla hem oğlu hem can bağıyla bağlı kardeşi vasfıyla bağrına bastığı görülmektedir. Aynı zamanda Hz. Peygamber düğün gecesi kızının yanında ona destek olup Fatıma'yı teskin eden kimselere de hayır duada bulunmaktadır Bu örnekte en çarpıcı nokta ise Hz. Peygamberin kızı ve damadı için ayrı ayrı saadet ve hayır duasında bulunmasıdır

Evlenecek çiftlere moral vermeliyiz

Hz. Peygamber, kızının en mutlu gecesinde yaptığı dualar ve övücü sözlerle yeni bir hayata mutlu bir başlangıç yapması noktasında kızına moral vermiştir Bizler de yeni evlenecek ve evlilik bağıyla birbirine bağlanmış çiftlere yuvalarını mutlu ve sağlam temeller üzerine kurmaları için manevi destek sağlamalıyız. Onları güzel sözlerimiz ve tavırlarımızla iki cihanda beraber olacakları bir evliliğe hazırlamalıyız. Evlenecek ve evlenmiş çiftler için yapacağımız hayır, saadet ve bereket dualarını gönüllerimizden hiç eksik etmemeliyiz. Âlemlerin efendisi Peygamberimiz mutlu günlerinde de sıkıntılı ve acılı anlarında da kızı Hz. Fatıma'a ve damadı Hz. Aliye hakkı ve sabrı tavsiye ediyordu. Hz. Ali ve Hz. Fatıma'nın ortak yaşamı, Rasulullahın değerli gölgesinde en zor geçim şartlarında kanaat ve sabırla geçiyordu. Evin beyi ve hanımı işlerde birbirlerine yardımcı oluyorlardı. Hz.Ali ve Hz. Fatımanın kurduğu ailenin en mutlu geçim kaynakları kanaat, sabır ve dayanışmaydı.

En mutlu geçim kanaat, sabır, dayanışma karşılıklı sevgi, saygı ve anlayıştır

Hz. Peygamber' damadı Hz. Alinin bir aile reisi olarak geliri sadece ordu hizmetlerindendi. Ancak bu gelirler Arap yarımadasında kalan seferlerden elde edildiğinden çoğunlukla, alelade bir işçinin ücretinin altında kalıyordu. Her çocuk doğduğunda Hz. Peygamber bu geliri biraz artırıyordu ama bu da ferahlık getirecek bir miktar olmaktan çok uzaktı. Yine de Hz. Fatıma, ev işlerinden dolayı çok yoruluyordu. Bu sebeple babasından kendisi için bir yardımcı istemişti. Hz. Aişe bu olayı şöyle anlatıyor: Hz. Ali şöyle arz etti halini: "Ey ALLAH'ın Resulü, su çekmekten omuzlarım, göğsüm ağrıdı. Hz. Fatıma da şöyle arz etti halini Benim de un öğütmekten ellerimin içi kabardı. Ey ALLAHın Resulü lütfetseniz de alınan esirlerden bir tane verseniz, bize yardımcı olsa. Resulullah onları dinledikten sonra şu cevabı verdi: "Vallahi öyle bir şey yapamam. Suffa ehli açlıktan kıvranır ve onlara yedirecek bir şey bulamazken sizin bu isteğinizi karşılayamam. Esirleri serbest bırakıp alınacak fidyelerle Sufa ehlini doyuracağım. Size o istediğinizden daha hayırlı bir şey, Cebrail tarafından öğretilen bir duayı öğreteceğim Her namazın ardından on kere Sübhanallah, on kere Elhamdülillah, on kere Allahu Ekber deyin. Ayrıca bunları yatağınıza girdiğinizde otuz üç defa tekrarlayın." buyurmuştur. (Müslim, Sahih, Kitabül-Zikir, 80)

Bu örnekler bizlere ailenin en mutlu geçiminin kanaat, sabır, dayanışma, karşılıklı sevgi, saygı ve anlayış olduğunu göstermektedir. Aynı zamanda bu örnekler evin beyi ile hanımının özellikle zor günlerinde karşılıklı anlayış, adaletli bir iş bölümü, daha güçlü bir sevgi ve saygı bağı ile birbirlerine bağlanmaları gerektiğini göstermektedir.

Tartışmalar oluyor arayı Resulullah buluyordu

Her evlilikte eşler arasında ufak tefek tartışmalar olduğu gibi Hz. Ali ile Hz. Fatıma arasında da oluyordu. Bu tartışmalar büyümeden kapanıyor ya da Hz. Peygamber'e intikal ediyordu. Hz. Peygamber de onları sorgulamadan, yargılamadan, sözlerini kesmeden, onlar sözlerini bitirmeden herhangi bir yorum yapmadan dinliyor; sorunlarını çözümlüyor ve aralarını düzeltiyordu.

Amr bin Saidden nakledildiği üzere bir gün Hz. Fatıma, kocasının sert davranmasından ve zorluk çıkarmasından dolayı "Seni Peygamber'e şikâyet edeceğim." deyip evden çıkınca, Hz. Ali de Fatımanın peşinden gitti. İkisi birlikte Hz. Peygamberin huzuruna vardılar. Hz. Fatıma, kocasından şikâyetçi olduğunu babasına söyledi. Hz. Peygamber, Hz. Fatımayı hoşnut etmeye çalıştı ve Hz. Aliye de ona daha yumuşak ve dostça davranmasını tavsiye etti.

Hz. Ali, eşi ile birlikte eve dönerken "ALLAH'a yemin ederim bundan sonra sana istemediğin bir şeyi yapmayacağım." dedi. (İbn Sad, Tabakat, C.8, s.26) Hz. Peygamber, Hz. Alinin hatasını anlamasını sağlayarak genç çiftin arasını düzeltmişti. KAYNAK: ESMA SAYIN EKERİM/AİLEM/ZAMAN